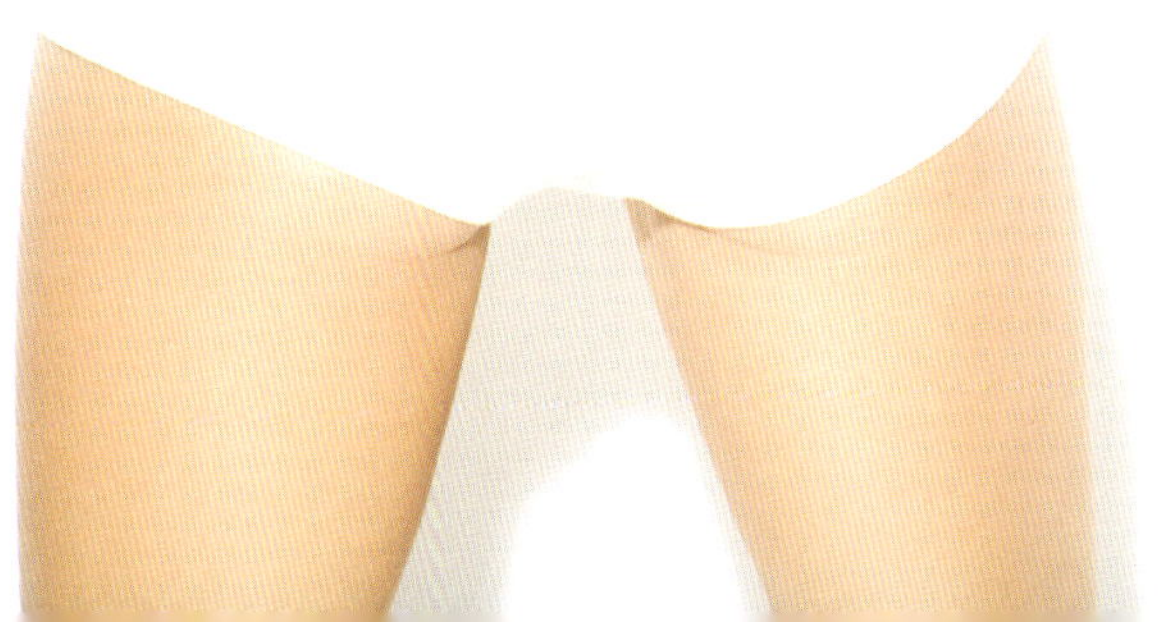

倖田來未流

美ボディの習慣

Customs of a Beautiful Body

Discover

この本を手にとってくれている時点で、
すでにあなたは「美ボディ」の扉を開けています。

美ボディに近づくためにいちばん大事なのは、
「きれいになりたい」という気持ちです。

その気持ちがあれば、必ず身体は変わっていきます。

Introduction［はじめに］

もっとやせたい！

もっと美しいボディラインになりたい！

そして、自分にもっと自信が持てるようになりたい！


女性だったら、きっと誰もがそう思うものですよね？


その気持ちは、私も、まったく同じです。

高校2年生のときにデビューをさせてもらって以来、今年で16年目。

この16年の間には、自己流のダイエットで何度もリバウンドしたり、「どうして周りのみんなに比べて、自分はこんなにやせにくいんだろう」と落ち込んだり、いろいろなことがありました。

私のアーティスト歴は、そのまま、「もっときれいになりたい！」と、いろいろな方法を試行錯誤した歴史でもあります。

おかげで、今では歌番組に出演すると、「出産してもこのボディラインをキープしているのはすごい」「身体管理へのプロ意識が感じられる」とツイッターなどで言ってもらえるようで、心から嬉しく思っています。

今回、ありがたいことに『倖田來未流　美ボディの習慣』という本を出しませんかと声をかけてもらいましたが、正直言って、私自身もまだ道半ばです。「今の自分の身体に大満足！」というわけでもありません。最初は、私なんかが偉そうに語っていいんだろうかと、正直、躊躇しました。

私は元々モデルのような体型をしているわけではありません。身長は１５４㎝で、どちらかというとほうっておくとすぐに太ってしまう上に、面倒なことや苦しいことは、性格上続かない！　ダイエットに向かないタイプです。

そんなずぼらな私でも、「毎日、ほんの少しのことだけを意識すれば、これくらいにはなれるんだよ」ということをお伝えできれば、「倖田來未でさえできるのなら、私にもできるかも」と、みなさんに勇気を持ってもらえるかもしれないと思って、今回の本を書かせていただくことにしました。

ひとつずつでも自分に合う方法を取り入れて

まず、この本で紹介することを、最初から最後まで、いちいち真面目にすべての項目をやり切らなくてはと、難しく考えなくて大丈夫です。

ときどき「え？　こんなにいろいろなことをやっているの？」と聞かれることがありますが、私自身も、この16年間の中で、1年に1個か2個、「これはいいかも！」と思ったことを少しずつ取り入れただけです。

最初から全部やろうと思ったら面倒になっちゃいますが、**ひとつでも、ふたつでも、自分が無理なく取り入れられそうな部分だけでいいので、続けてみてください。**

そうすると、そのうち、それが、毎朝の歯磨き程度に自然と習慣になっていきます。

身体は、私たちが思っているよりも、正直です。こちらが働きかけをすると、必ず反応してくれます。

そして、**身体が少しずつ変わっていくと、どんどん楽しくなっていくし、自分のことが好きになっていきます。**

自分を好きになれれば「もっとかわいくなりたい」「もっときれいになりたい」と

いうスイッチが入ります。

私自身も、日々自分の身体と向き合ってきたからこそ、こうしてデビュー16周年を迎えることができたのだと思っています（もちろん、1人でできることではないので、会社のスタッフ、そして何よりいつも応援してくれるファンのみなさんへの感謝の気持ちでいっぱいです）。２０１６年には59枚目のシングルをリリースし、全国ライブツアー59公演を行っています。

歌手は身体が資本です。のどのメンテナンスはもちろんのこと、私の場合はダンスも激しいものが多いので、なおさらです。

だまされたと思ってやってみて！

私はダイエットや美容のガールズトークが大好きです。

スタッフや友人が「やせた」「きれいになった」と思ったら、すぐに「何をやったの？」と聞き出します。

そうして自分がやってみて効果があったもののみ、周りにもおすすめします。

そのときの私のセリフは、
「だまされたと思ってやってみて！」
です。

この本では、まるでこのガールズトークのように、私が実際に体験してみて効果があったことや考え方などをお伝えしています。

普通のガールズトークとの違いがあるとすれば、私が人から見られる機会の多い仕事をしていること、そして、周りの口コミがスタイリストさんやメイクさん、ヘアメイクさんなど、美容のプロが多いこと！

身体は一人一人違います。どんな方法が効果があるかは、人それぞれです。本書の方法を試してみて、ひとつでもふたつでも効果があれば、こんなに嬉しいことはありません。

気楽な気持ちで、楽しくできることだけを続けてみてください。

そして、効果があったらぜひまた教えてくださいね！

倖田來未

Contents [目次]

chapter 01

私の身体は、私のもの。だから、向き合う

chapter

「食べる」ときちんと向き合う

chapter

03

しなやかに、大事に、自分の身体を育てる

chapter

緊張すればするほど、身体は美しくなる

chapter 05

恋できれいになる。結婚しても恋をする

chapter

人に振り回されない。自分らしく生きる

photo credit

カバー、カラーページp.1、p.5～7
アクセサリー　ete／
その他　スタイリスト私物
カラーページp.2～4
黒タートルワンピース　Wolford／
サンダル　Christian Louboutin 参考商品／
その他　スタイリスト私物

私の身体は、私のもの。だから、向き合う

{01}

最初から美ボディの人なんていない

コンプレックスだらけだった自分の体型

女性は誰でも、自分の身体をいまより美しく変えていくことができる。そして自分のことをもっと好きになることができる。私は、そう思っています。

というのも、今でこそ「出産した後も身体のラインをキープしていてすごい」などと褒めてもらえることが増えましたが、デビュー当時は自分の身体にコンプレックスだらけだったからです。

昔のファンクラブの会報誌には、「また太っちゃったよー」「もっとやせなきゃ」といった、身体に対する悩みをずいぶん書いていたようです……。

そもそも、デビューするまでは、自分の身体について深く考えたことはありませんでした。

私がエイベックスのオーディションに受かったときはまだ高校2年生。「人からこんなふうに見てもらいたい」「こんなアーティストになりたい」という目標はまったくありませんでした。

私は、ただ歌いたかっただけ。

一生懸命練習して歌さえ上手くなれば、みんなにCDを買ってもらえる、そして有名になれる、と考えていました。

今、振り返ると「幼かったなあ」と思うのですが、歌が歌えればそれだけで幸せだったんです。

それに「私はモデルではなくアーティストなのだから、体型なんか関係ない」と思っていたのです。

それでもオーディションを受けたり、デビューするためにがんばってダイエットしていた時期はまだマシでした。

ファーストシングルを出すまでは、私自身にも「デビューするまでは、なんとしてでもがんばらなきゃ」という緊張感があったからです。
実際、この頃の私のダイエットはとても順調でした。オーディションを受けようと思った頃は53キロ。オーディションが終わった頃は47キロ。デビューのときは45キロまで落としていました。

天下のエイベックスでデビューできる！　CDさえ世の中に出れば、あっという間に話題になって、先輩アーティストのように私も有名な歌い手になれるに違いない！　高校生だった私は、本気でそう思っていたし、浅はかにも「エイベックスで曲を出す=売れる」と信じてまったく疑っていませんでした。
当然、ダイエットもそれまでの我慢と思っていたので、それほど苦でもなかったのです。

とにかく、デビューまでこぎつければ、あとはバラ色の人生が待っていると思っていたので、それまではなんでもがんばれる気分でした。

でも、現実は全然甘くなかった……。

{ 02 }

苦しいダイエットは絶対続かない

1年で8キロも激太り。「私、干されるかも」の恐怖

デビューシングルの「TAKE BACK」は、驚くほど売れませんでした。

〝KODA〟名義で先行発売したアメリカで、ビルボードのダンスポップセールスチャートの上位にランクインしたまではよかったものの、日本ではまったく鳴かず飛ばず。

「え？ エイベックスでCDを出したら、もれなく売れるんじゃなかったの？」

そんな甘いことを考えていた私のあては大きく外れました。

その後、出してもらったシングルも、まったく売れず……。どうして？　どうして？　と、どんどん焦り、この時期に、私は激太り！

スタッフの期待に応えられない自分が歯がゆくて、そのストレスのはけ口を全部食べることに求めたので、1年もたたないうちになんと8キロも太ってしまったのです。

ＣＤが売れないので、営業のために全国のクラブを行脚して歌わせてもらうのですが、観客はいつも数人程度。「ねえ、この人、誰？」という声もこっちまで丸聞こえです。クラブ営業では、深夜に歌い始めるので、食事も睡眠も不規則になって、余計に太っていきました。

その当時、私のプロモーションビデオを見た社長には「ゾウが踊っているのかと思った」と言われ、「うちの事務所でやっていきたいなら、女の子に憧れられる女性じゃないとダメ。やせなければ次のＭＶはアニメにするぞ」と宣告されました。

スタッフからは毎日のように「やせろ」「やせろ」と言われ続けました。

その結果、「私、このままだと、干されちゃう……」と、焦ってまたストレスが溜まる。また食べてしまう。その繰り返し。あの頃は、本当にきつい時期でした。

歌が歌いたいだけだったのに、考えなきゃいけないのはダイエットのことばかり。今振り返ればあのときの自分があるから、今の自分があると思えるのですが、まだ高校を卒業して、上京して間もなかった当時の私には、つらい日々でした……。

身体を隠すラインの服ばかり着ていた

激太りした頃は、衣装のブーツもLサイズでないと脚が入らず、しまいには、渋谷109の試着室で、32インチのデニムを無理に試着して破ってしまうほどでした。

そんな私だったので、当時の衣装は身体のラインをできるだけ見せない、「隠すスタイリング」ばかり。肌見せなんてとんでもない。「どうすれば体型が目立たないだろう?」と、そればかり考えて、パンツやロングスカートばかりを選んでいたんです。

この頃は、自分の身体を鏡で見るのも嫌で目をそむけていたのですが、特に、ふくらはぎは私の大きなコンプレックスでした。

私のふくらはぎは、警察官だった祖父ゆずり。3世代続く、本気でたくましいふくらはぎ！　ぽこっと存在感のあるその筋肉のせいで、「身長は低いのに身体は大きく見える」のが嫌で嫌でたまりませんでした。

1年で8キロ太ったことでもわかるように、筋肉がつきやすいだけではなく、元々私は太りやすい体質です。この体質のおかげで、私のダイエットはリバウンド続き。食べないダイエット、トマトダイエット、病院食ダイエット……と、ありとあらゆるダイエットを試してはリバウンドを繰り返してきました。

一生続けられるダイエットしか続かない

でも、そんな失敗を繰り返してきた私だから気づいたことがあります。

それは、身体を痛めつけるような無理なダイエットは続かないということ。

「そんなの当たり前」と思うかもしれません。もちろん、一般的に言われていることでもあります。

でも、私は自分の身体でリアルにそれを体験してきました。たくさん失敗を繰り返してきたからこそ、「やっぱり、無理なダイエットって、ほんとにダメなんだなあ」と思うようになったのです。

そして、もうひとつ、確信をもって言えることがあります。

それは、最初から美ボディの人なんていないということ。

逆に言うと、**誰もがやり方次第で、「自分を好きになれる」身体のラインを手に入れることができるということ。**

もちろん、私自身だって、まだまだ道の途中です。私の身体がパーフェクトだなんて思っていません。

でも、昔よりは、自分の身体が好きになれてきているし、「ゾウかと思った」と言われたあの頃に比べたら、ずいぶん引き締まってきたんです。

みなさんにも、倖田來未でさえできるんだから、と勇気を持ってもらえたら嬉しいです。

{03}

自分の身体を知って、愛してあげる

いちばんのコンプレックスだったふくらはぎを褒められて

自分の身体に対する考え方が１８０度変わったのは、スタイリストの広田聡さんとの出会いがきっかけでした。

彼は、「こんなにきれいな筋肉なのに、出さないなんてもったいない！」と、ものすごい勢いで私の身体を褒めてくれた初めての人でした。衣装も「身体を隠すのではなくて、どんどん出していこう。倖田來未にしかできない世界観をつくっていこうよ」と提案してくれました。

それでも躊躇する私に、彼は「ジェニファー・ロペスやビヨンセのＰＶを観てごらん」と言いました。「彼女たちは肉付きがいいけれど、堂々と身体を見せているから

かっこいいんだよ」と、少しずつ私から「身体を見せる恐怖心」を取り除いていって

くれたのです。

しかも、広田さんが絶賛してくれたのは、私の最大のコンプレックスだったふくら

はぎ！

自分がいちばん嫌いで、祖父のＤＮＡを恨んだほどだった、たくましいふくらはぎ

を、「大丈夫！　かっこいい！　絶対に出して！」と猛プッシュしてくれたのです。

それまでミニスカートのときはニーハイしか履いていなかった私ですが、広田さん

の言葉に後押しされて、おそるおそる太ももを出すブーツに変え、それからパンプス

に変え……と、徐々に肌を出す分量を増やしていきました。

すると、不思議なことに、脚を出して、人目にさらしたほうが、どんどん脚が締

まっていくじゃないですか！　そして、褒められれば褒められるほど、もっときれい

になりたい、自分を好きになりたいという気持ちが働くことも知りました。

まずは自分の身体を知ること。どこか1箇所でもいいから、愛すること。

自分の身体、特にコンプレックスだった箇所を手放しで褒めてもらったことが、私の身体づくりの大きなターニングポイントになっています。

{04}—

身体を好きになったら、自信を持てるようになった

「倖田來未らしさ」って何だろう？

「私なんて、何を着ても似合わない」と思っていたグズグズの卑屈モード時代は、自分のすべてに自信を持てなくて、楽曲選びにも口を出すことができませんでした。

スタッフが敷いてくれたレールの上を歩くのが精一杯で、しかも、そのレールの上さえうまく歩けず、ストレスが大爆発。食べちゃいけないと思うほど、イライラして食べ物に手が伸びてしまう。そんな毎日でした。

けれども、自分の身体をちょっとずつ好きになっていくのと同時に、「自分は、どんなアーティストを目指したいのか？」ということを少しずつ考えられるようになっ

ていきました。

まだ楽曲は売れていなかったけれど、私はやっと、自分が届けたい歌や世界観について真剣に考えるようになっていきました。これが、デビューして4年目くらいの頃のこと。


倖田來未にしかできないことってなんだろう。それを表現するためには、どういう身体をつくっていけばいいいだろう。

それまでは、ただただ、「やせなきゃ」と思うだけだったのに、「自分の歌いたい歌のため」と思うようになったら、少しずつポジティブな気分で自分の身体と向き合えるようになっていったのです。

妹の「プロ根性」に感化されて

妹のmisonoがデビューしたことも、私にとっては大きな刺激でした。

彼女は、スタッフに対して自分の意見をはっきり主張するタイプでした。打ち合わせでは、「こういう衣装が着たい」と、自分で集めた切り抜きをスタイリストに見せ、自分が目指すアーティスト像をはっきりとスタッフに伝えていました。その姿を見て、私とは全然違う！　と、驚きました。

彼女は自分の身体づくりに対しても、とてもストイック。デビュー前は私と同じくらいぽっちゃりしていたはずなのに、デビューに向けて黙々とトレーニングをして、身体を絞っていました。


当時、妹は同じマンションの別の階に住んでいたのですが、よく「お姉ちゃんもがんばってやせなよ。やせたらこれが着られるようになるよ」「いろいろな服を着られるようになったら楽しいよ！」と、励ましてもらっていました。


妹のプロフェッショナルな考え方に影響されて、私もそれまで以上に、勉強をするようになりました。

海外のアーティストの映像を観るようになったり、曲についても「自分はどんな曲を歌いたいのか」、「そのためにはどんな衣装を着たいのか」。

それまでは感覚的にしか伝えられなかった自分の思いを、言葉にできるようにしていこう、そう思ったのです。

「エロかっこいい」倖田來未はほんの少しの自信から生まれた

そうして、少しずつ自分の言葉でスタッフに発言できるようになってきて、はじめて、全面的にセルフプロデュースさせてもらったのが、10曲目の『Ｃｒａｚｙ ４Ｕ』（２００４年）という楽曲でした。

ＭＶの撮影でも、私のこだわりを全面的に採用してもらうことができました。衣装にも、「こうしたい」という明確なイメージがありました。肌は極限まで露出しているのだけれど、それが海外の女性のような強さをイメージできるものにしたいと思っていました。

男性が見てエロいのではなく、女性が見てかっこいいと思える世界観。それが、倖田來未で表現したい世界観だ、と思ったのです。

スタイリストの二瓶(にへい)句実子さんと出会ったのもこの頃。

「モードな雰囲気に、少しストリートをミックスしたい！」と思っていたので、ストリートミックスが上手と評判の二瓶さんに、自分のイメージを伝えて、「倖田來未らしい世界観」を一緒につくっていきました。

それまで男性だったバックダンサーも全員女性に変えました。それもこれも、女性の目線から見て「かっこよく」見えることを意識したからです。

この頃には、コンプレックスだったふくらはぎの筋肉も、ダンスを美しく見せるための武器だと思えるようになっていました。

ほかのアーティストがやらないことをやってみたい！　というよりも、それをしないと、倖田來未を知ってすらもらえない。だったら、やりきらなきゃ！　そんな気持ちでした。

私が「こんな世界観をつくりたい」と思って、やっとのことで自分の意見が言えるようになったとき、それが、人から見て「エロかっこいい」と言われるものになりました。

実は「エロかっこいい」は、自分で言い始めた言葉ではありません。

倖田來未にしかできない「オンリーワンは何か」を探したら、それが「エロかっこいい」と言われるブームに育っていったのです。

自信とかっこよさは比例する

この当時、海外の女性のMVをたくさん観てわかったことがあります。それは、自信とかっこよさは比例するということ！

外見だけでなく内面もすごく大切だということです。

私がこの頃特によく観ていたのは、クリスティーナ・アギレラとブリトニー・スピアーズのMVでした。

アギレラもブリトニーも、長所も短所もまったく出し惜しみなく身体を露出するので、その潔さがすごくかっこよく感じられるのです。

「私なんか……」と卑屈になったり隠したりすると、自分が気にしている通りに見えてしまうし、自信を持って自分を見せようとすれば、外見もかっこよく見えてくるということに気づきました。

私のことを振り返っても、**自分を主張できるようになったのは、ひとえに、自分の身体を少しずつ好きになって、自分に少しだけ自信を持てるようになったからでした。**

嫌いだったふくらはぎを褒められ、肌の露出を増やすことでどんどん肌が締まっていき、そうすると自信が持ててくるから、堂々と振る舞えるようになる。その堂々とした態度が「かっこいい」と言ってもらえるきっかけになる。

あ、女性の身体って、こうやって変わっていくんだ――

内面の自信が外面を美しく見せ、そして外面を褒められることがまた、内面の自信につながっていく。

この相乗効果で、美しくなる努力をしている女性はどんどん美しくなっていくのだと思います。

{05}

目標を決める。目標があれば、身体は変わる

理想のボディづくりに「ポスター」が必要な理由

理想の身体を手に入れたいと思ったら、まずやるべきなのは、目標を決めること！どうしてかというと、はっきりとした目標がなければ、身体は変わっていかないからです。

突然ですが、みなさんはドラえもんの絵を描けますか（笑）？誰もが知っているドラえもんですが、実際に絵に描いてくださいと言われたら……どんな目だった？　鼻は？　意外とディテールがわからないものですよね。

身体づくりも同じだと思います。

ただ漠然とやせたいなあとか、きれいになりたいなあと思っているだけでは、脳がその理想形をキャッチできない。**目で見て脳で記憶できる、明確なゴールがなければ、身体もその形になっていかないのです。**

そこで、美ボディを手に入れるために必ずやってほしいことが、自分が理想とする体型の写真を毎日見ることです。

特に自分が好きな女優やアーティストのポスターを買って、それを毎日見る。これはとても効果的なので、ぜひやってみてください。

自分が好きで目標とする女性の写真を毎日見ることには、恋をするようなパワーがあります。そのパワーを、美ボディづくりに役立てるのです。

私はアギレラが大好きで、彼女のポスターをお風呂場の前に貼って毎日見ていました。

「目標とする女性が外国人でもいいのか？」「あまりに自分の体型とかけ離れていないか」と突っ込まれそうですが、それはそれでOK！　とにかく、自分が「この人のような身体になりたい！」と強く思えることが重要です。

彼女のポスターの前で裸になり、鏡で自分の身体をくまなくチェックして、それから体重計に乗り、その体重グラフを日付とともにポスターに書き込むという一連の作業を、私は毎朝毎晩繰り返していました。

鏡の前では、ウエストのくびれや、腹筋の見え方、二の腕がどう見えるか、太ももはどうか、後ろ姿もできるだけ気にします。

最初は自分の裸をまじまじと見ることは恥ずかしいと思うかもしれません。でも、**毎日自分の身体をチェックし、そしてそのときに目標である女性の写真を見ることで、脳がその理想の身体に近づこうとします。**

信じられないかもしれませんが、だまされたと思ってやってみてほしい！　明確な目標があるのとないのとでは、目指す美ボディに到達する時間が全然違うと思います。

体重計には朝晩２回必ず乗る。自分の体重を脳に教える

本気で身体を変えたいなら、体重計には必ず１日２回乗ってください。

理想の女性の身体の写真を見て脳にそれを覚えさせるのと同時に、自分の体重を脳に覚えさせることが大事だからです。

美ボディを目指す過程では、「こんな身体になるぞ」「何キロまでやせるぞ」と、できるだけ明確な目標にむかって、自分自身をマインドコントロールすることがポイントなのですが、体重という「数字」も、明確な目標のひとつ。

毎日、今の自分の数字を脳に覚えこませることで、「理想の数字まであと○キロ」と脳が意識してくれるのです。

不思議なもので、体重計に何日か乗り忘れると、たとえその数日間、太るような生活をしていなかったとしても、なぜか必ず体重は増えているんです。

逆にきちんと食事をとっていても、朝晩必ず体重計に乗り続け、現状の体重と理想の体重を脳に刻んでいる状態だと、不思議と体重が増えていくことはありません。むしろ、ちゃんと食べているのに、体重は減っていることも！

これってやっぱり、脳が自分の理想を数字で記憶する効果だと私は思っています。

理想の自分を手に入れたかったら、ポスターを貼って毎日見ること、そして朝晩忘れずに体重計に乗ること。まずはここから始めてみてください。

あとで詳しく話しますが、身体のラインって、体重が減ってから1週間くらいしないと、その体重のラインにならないんです（泣）。

つまり、体重が減ってから、身体のラインが変わるまでに1週間かかるということ。だから、体重が減ったところから1週間はその体重をキープすることを忘れないでくださいね。

{06}

ちょっとでも「やせて見せる」研究を続ける

自分が美しく見えるウエスト位置を見つける

激太りしていたときから、今に至るまで、ずっと変わらないことがあります。それは、「少しでもやせて見せるためには何をすればいいのか」をずっと考えて続けていること。

この努力は、自分のことながら、涙ぐましいものがあります（笑）。それくらい、自分の身体にコンプレックスがあったという裏返しでもあると思います。

たとえば私は、ボトムスをジャストウエストで履きません。

私の身体の場合、ウエストの上にある、コリコリッとした腰骨を見せたほうが、絶対にウエストが細く見えるという法則を発見したので、必ずこの「コリコリ」よりも股上の浅いパンツを履くようにしているのです。

スカートでも同じで、スカートのウエストの位置を、腰骨より必ず下にもってくるように意識すると、ウエストのラインがすっきり見えます。

これは、私の場合がそうということであって、誰にでも当てはまることではありません。そんなに股上の浅いボトムスを履けない立場の方もいると思います。

でも、みなさん、それぞれに、いちばん細く見えるウエスト位置があるはずです。**自分の身体のどの位置をウエストマークするとやせて見えるかを、鏡の前で研究してみてください。**たった1㎝の上下で、見え方がかなり違います！

「実体重」と「見た目体重」は違うと心得る

それから、これは、声を大にして言いたいのだけれど、実体重よりも大事なのは、見た目体重です！

見た目がきれいに見えなければ、いくら体重が落ちても意味がないですよね。だから、客観的に自分の見た目をチェックする習慣をつけてほしいです。**きれいな自分に見えるときは（もちろんその逆で、イマイチなときも）、その原因を考える。**これをやるとやらないのとでは、全然違うのです。

鏡の前や撮影した写真でボディチェックすると、実際の体重はそこまで変わらないのに、「この日はすごく太って見える」「この日はすっきりして見える」ということがあります。中には同じ日の撮影なのに、太く見えたり細く見えたりすることもあるほど！

こういった場合は、必ず原因をつきとめます。

たとえば、このMVのときは、撮影前に少し食事をつまんだから胃がポコッと出ているとか、この日は生理中で肌がむくんでいるとか、この衣装はお腹に肉がのって見えるとか、履いた靴のヒールの高さによって脚が細く見えたり太く見えたりするとか……。

最近気づいたのは、湿気のせいか雨の日は少しむくむということです。こわい！（笑）

しつこいくらいに確認をして分析をして、少しでも太って見えることは、以降絶対にやらないようにしています。

たとえば、いま、私のスタッフには私の生理周期を完全に把握してもらっています。そして、スケジュールが自由になるときであれば、できるだけ映像の撮影は生理中にぶつからないように配慮をしてもらっています（私だけの都合ではないので、調整できないときも、もちろんありますが）。

12週連続でシングルを出すことになった頃（２００５年～２００６年）には、ヒールの高さも指定するようになりました。

当時はマイクロミニのドレスを着ることが多かったのですが、同じ日に撮影してもずいぶん脚の太さが違うことに気づき、「あ！　靴のせいだ！」とわかったのです。

少しでも脚がきゅっと細く見える靴を研究した結果、ヒールの高さと甲のソリ具合までこだわって靴を選ぶようになりました。

みなさんも、鏡の前に立ったり、写真を撮られたときに、やせて見える日、太って見える日があると思います。

そのときに、ちょっとその原因を考えてみるだけでいいんです。

自分が細く見える身体のパーツを見つける

さらに、自分の身体のパーツのどこを見せると細く見えて、どこを見せると太く見えるのかについても、ぜひ研究してください。

それを知っているだけでも、見た目体重はぐんと軽く見えるはず！

そして、そのパーツを活かすにはどんなファッションや着こなしがベストなのか、考えてみてください。

デートのときや、ここぞという大事なイベントのときに、自分がいちばんきれいに見える服や靴を知っていることは、女性の武器になるはずです。

「ブランド」で選ぶのではなく、「自分の身体に合ったもの」「自分の身体を美しく見せるもの」を選ぶこと。私はいつもこれを大切にしています。

{07}

自分の身体の「バランス」をチェックする

試着をしないで服を買ってはダメ

実際の体重以上に、見た目をきれいに見せるにはコツがあります。それは「バランス」を意識すること！

たとえば、太いものの横にあるものは細く見える。大きなものの横にあるものは小さく見える。この「目の錯覚」を利用して、少しでも顔や身体のラインがほっそりきれいに見えるようにするのです。

服を選ぶときは必ず試着しましょう。

体型は一人一人違う上に、洋服もサイズ、素材、カッティングなどさまざまです。**マネキンやお店のスタッフさんがどんなにきれいに着こなしていても、それが自分に似合うかどうかは試着してみないとわかりません。**

自分の自信のあるパーツを目立たせ、逆に自信のないパーツには目がいかないようにすることを意識してスタイリングしてみましょう。

私は脚が細く見えるかどうかと、肩が張っているので、肩幅がいかつく見えないかを最初にチェックします。肩の切り替えの位置によって、身体のサイズが全然違って見えるので、肩位置も必ず確認します。

私の場合、自分の肩よりも少し外側に切り替えがある服が好きです。この肩位置がいちばん身体がきれいに見える気がします。

体型によってチェックポイントは変わると思いますが、服によってびっくりするほど脚の太さや肩幅が違って見えますから、必ず試着してチェックしてくださいね。

服の形や丈の長さだけではなく、素材感にも注意するとさらにGOOD。

たとえば、同じワンピースであっても、ハリ感のある素材のワンピースは、私の場合、身体ががっしりして見えてしまうんですよね。だから、必ず落ち感のある、てろんとした素材のワンピースを選ぶことにしています。

逆にほっそりとしていて身体にメリハリがないのが悩みの人は、ハリ感のあるスカートなどでボリュームを出してバランスをとるときれいに見えます。

自分に合うスカートの丈はどの長さなのか？　袖は？　襟の空き具合は？

自分が細く見える素材はどんな素材？　色は？

自分のことを観察すればするほど、女性はきれいになっていきます。**恥ずかしがらず、自分をもっと注意深く観察して、試行錯誤してみましょう。私もいつも、そうしています。**

とことん、きれいに見せることにハングリーになることが、女性を「本当に」きれいにしてくれるのだと思います。

顔が小さく見えるバランスマジック

小顔に見せるために大事なのは、その額縁である髪です。てっとり早く顔の面積を減らすのにおすすめなのは、前髪をつくること。**前髪でおでこが見えない分、肌の面積が減るので、一気に顔が小さく見えます。**前髪ほど小顔効果を簡単に発揮してくれるパーツはないと感じます。

もうひとつ、顔を小さく見せてくれる小道具があります。それは、大きなピアス！私も好きでよくつけていますが、**ピアスが大きければ大きいほど、その横に並ぶ顔が小さく見えます。**

私のお気に入りはフープピアスです。あご下くらいまであるような、大きなピアスをすると、顔がすっきり見えます。

もうひとつ、顔をすっきりはっきりさせたい人におすすめなのが、フェイスラインを出すこと！　私は毎日家では髪を上に束ねていますが、これは下ろしてほっぺを隠していると顔が丸くなっていく気がするからです。フェイスラインを見せることによって緊張感を与えることが大事なのです。

身体の中で華奢なパーツを目立たせる

脚の中でいちばん細くて華奢なのは、足首です。

たとえ、脚が太かったとしても、足首はいちばんきゅっとくびれているパーツなので、ここを目立たせると、脚が細く見えます。


たとえば、手首がきれいな人であれば、その手首を目立たせる服を着たり、アクセサリーをするのもいいでしょう。

大事なのは、**自分がいちばん華奢に見えるパーツがどこかを観察して、知っておくことです。**それだけでも、それを知らない人より、ずっときれいに、美ボディに見えると思います。

自然と姿勢がよくなるアイテムを選ぶ

最近、チョーカーをつけていることが多いね、と言われます。

私の場合、首にチョーカーをしていると、前かがみになりにくいので、自然と首を伸ばそうという意識が働いて姿勢がよくなるなと感じます。

人によっては、ハリ感のあるシャツを着ているときがすっと背筋が伸びるかもしれませんし、いつもより少し短めのスカートを履いたときに姿勢がよくなる人もいるかもしれません。大きめの指輪をしたら、指をきれいに見せようという意識が働く人もいるかもしれないですね。

てっとり早いのは、お腹のラインが出る服を着るとか。これはあとで詳しくお話ししますが、常にお腹を引っ込めようという意識が働くので、効果てきめんです。

アイテムは人によって何でもいいのですが、**自分をきれいに見せよう、すっと姿勢をよくしようと、自然と思えるアイテムを身につけると、きゅっと引き締まって見えたり、女性らしく見えたりします。**

つまり、身体に緊張感を持たせることが大切なのです。

「影」が身体をきれいに見せる

普段鏡を見て自分の身体をチェックするときには、「カット」が入っているかどうかを確認します。

「カット」とは、筋肉と脂肪の間に浮き出る「影」のこと。二の腕や腹筋に「カット」が入れば、きゅっとしまった印象になります。単に細いだけでは「カット」は出ないし、ぷよぷよだとやはりカットは出ません。

自分の身体の中にできる影はどこか、ぜひチェックしてみてください。

いままで影を意識したことがなかった人が最初に気をつけるのであれば、鎖骨がいいと思います。**鎖骨の影がきれいに見えれば、女性は美しく見えます。**

これも、きれいに見える日と見えない日があると思いますので、**「今日はきれいに見えているな」と思ったら、その自分の姿をしっかり目と脳に焼き付けてください。**スマートフォンなどで自撮りしてチェックしてもいいと思います。

脳があなたの「理想形」をインプットできたら、しめたもの。その理想形がはっきり頭に浮かべば浮かぶほど、それを繰り返し再現できるようになります。

影といえば、立ち方によってもずいぶん細く見えたり、太く見えたりするなと気づきました。

たとえば、ちょっとだけ内股ぎみに立つと、ももの内側に影ができるので、脚がとてもきれいに見えるんですよね。

これは、ゲームみたいなものなので、深刻に考えて研究するというよりは、楽しんで考えるのがポイント。「そうか！　こうやって立てば、もっと細く見えるのか！」とわかった瞬間が気持ちいい（笑）。

そうやって、ゲーム感覚で、身体がきれいに見えるコツを取り入れていくと、ストレスなく、それが習慣になっていきます。

{08}

理想の自分をイメージして努力する

「自分がなりたい自分」をキャラ設定する

私は、やせるためだけにつらいことをするのがとても苦手です。たとえばランニングをしたり、ジムに通ったりといった、自分が嫌いなことを「やせる」という目標のためだけに続けることができません。

身体を美しく保ちたいという気持ちにも、プライベートの私一人の身体であったら、今のように真剣に向き合えなかったと思います。

私の中には、プライベートの「倖田來未子」とアーティストの「倖田來未」の2人が存在しています。プライベートな私だったら、一日中家でごろごろしている生活かもしれないと思います。

でも、「倖田來未」という一人のアーティストとしては、ファンをがっかりさせたくない、みんながかっこいいと思ってくれる「倖田來未」でありたいという強い思いがあって、その気持ちが自分の身体と向き合うモチベーションになっているのかなと感じています。

インタビューを受けているときなどに、ときどきびっくりされるのですが、私は、「倖田來未だったらこうすると思います」とか「倖田來未としてはこうしたいです」という言い方をします。

「私自身がしたい」ことよりも、「倖田來未であればすべきこと」を、結構はっきり分けて考えているように思います。それは衣装でも、歌う楽曲でも同じです。ライブのセットリストを考えるときは特に、「お客さんが喜ぶならつらくてもやる！　それが倖田來未だ！」という考え方になります。

といっても、これは、デビュー当時からそうだったわけではないんです。

最初の頃は、プライベートの自分もアーティストとしての自分もいっしょくたでした。

でも、仕事を続けていくうちに「アーティストとしての自分を、もっと客観的に見なければいけない」と思ったので、意識的に「倖田來未」というアーティストを客観的に見るようになりました。

「倖田來未」には、理想の女性像や世界観を目指してほしい。そう思うから、ダイエットや身体づくりにも、ちゃんと向き合える。そんなイメージです。

自分の中に2人の自分がいる。そして、「倖田來未の理想型」をイメージして、そこに向かっていろいろな選択をするというシチュエーションは、たしかに特殊かもしれません。「そんなことができるのはアーティストだからだよ」と言われてしまうかもしれません。

でも、最近知ったのですが、「まず自分の理想像をイメージして、自分をその理想像に近づけようとすること」は、アーティストに限らず、人を成長させるときに、よく使われる方法なんだそうです。

私の場合は、目指すべき方向が「アーティストとしての倖田來未の理想型」なのですが、みなさんの場合だったら、どんな自分が理想型でしょうか？

どんなキャラクターの自分になりたいですか？

5年後、10年後、どんな自分になっていたら理想でしょうか。

「いつも笑顔でごきげん」「子どもを産んでもかわいい奥さん」など、自由に考えてみてください。できれば、どんなファッションをするか、どんな体型かまで具体的に。

迷ったりくじけそうになったときには、私が「私が思い描く理想の倖田來未だったらどうするかな？」と考えるように、「理想の自分だったらどうするかな？」と考えてみてください。

ひょっとしたら、今よりちょっとだけ、意識しようと思ったり、がんばれることも増えるかもしれません。

産後期間はきれいになるためのボーナスステージ

身体のラインをつくるために、いちばん努力したのは、出産後です。

妊娠した当時は、産後仕事をどうするのかについてはっきりとしたイメージがありませんでした。

でも、ダンナさんと話をしているとき「君が歌い続けたいなら、続けるといいよ。俺は歌っている君が好きだよ」と言ってもらえたことにも背中を押され、「産んでみないことにはどうなるかはわからないけれど、出産後も、歌を歌いたい」と思うようになっていました。


ありがたいことに、出産の2ヶ月後、雑誌『ViVi』の表紙モデルとして撮影をしてもらえることが決まりました。

「そうと決まれば、その撮影日までに『産んだ後もかっこいい』と思ってもらえる体型に戻さなきゃ！」と、なったわけです。


実は、私にとって妊娠中は、夢のような時間でした。

「2人分の体力をつけなきゃ」という言い訳のもと、食べたいものを好きなだけ食べられる生活。誰にも怒られず、思う存分「太っていい」時期は、まるでパラダイス。

「妊婦万歳！」という気分でした。

その結果、あれよあれよというまに18キロも太って、臨月の私はとてつもなく巨大化していたんです……。

その状態から、雑誌の表紙に耐えられる身体に戻すときには、とにかく「ファンのみんなを幻滅させたくない」、その一心でくらいつきました。

産後は骨盤が開いてやわらかくなっています。ですから、骨盤がまた固まる前に、骨盤のゆがみをとり矯正してもらうと、産前よりもきゅっとお尻が小さくなります。ゆがみがとれると、血の巡りもよくなって代謝もよくなるそうなので、産後は身体のラインをつくり変えるチャンス、ボーナスステージだと思って、改めて身体づくりをしました。

結果的に、撮影のときには体重も体型も産前に近いところまで戻すことができ、気合いを入れてのぞんだ表紙撮影は、自分でも納得のいく写真が撮れました。

あとでもお話しますが、このときは、ゆがみをとるだけではなく、母に手伝ってもらって食事にもとても気をつかいました。

たくさんの方に「出産後すぐの撮影とは思えない」と褒めていただき、自分でもお気に入りの1枚になっています。

努力しないで変われる人はいない

私は写真を加工して修正するのが苦手です。修正でくびれを出したり、脚を細く見せたりするのは簡単です。でもそれは、自分を否定する行為だと思うし、ファンに嘘をつく行為だと思います。

だから、雑誌の撮影でも、映像の撮影でも（今では、動画でも簡単に修正をすることができます）、修正を前提に撮影するのではなく、その場できれいな写真や映像が撮れるように、がんばります。

倖田來未は特別な女性ではありません。身長も154㎝しかないし、太りやすいし、筋肉質で身体は大きく見えるし、生まれつきパーフェクトなボディを持っているわけではないという自覚があります。だからこそ、そんな私でも、がんばれば変われる。普通の人でも、ここまで身体をきれいに見せることができるんだよということを伝えたいと思うのです。

「倖田來未でもできたんだから、私にもできる」と思ってもらえたら本望です。

すべては、ありのままの嘘のない自分の身体を、自分自身が愛せるようになるため。みなさんにも、自分の身体を好きになってもらって、自分のことを好きになってもらえたら嬉しいなと思います。

©講談社 ViVi 2012年12月号

「食べる」ときちんと向き合う

Chapter 02

{09}

食べたいときは食べたいものを食べる

ダイエットは一生続けられるもの以外、リバウンドする

デビュー曲を発売したあと、1年で8キロも太ってしまったことは、前に話した通りです。このときは、本当にありとあらゆるダイエットに手を出しては、ちょっとやせ、でもすぐにリバウンド……を繰り返してきました。

最初は「食べなければやせる」と短絡的に考え、できるだけ我慢をするという「食べないダイエット」。

当たり前ですが、こんなダイエットが続くわけはなく、食べない分お腹がすいて、次の食事でドカ食いしての繰り返し。すぐに挫折しちゃいました。

健康的な病院食を食べ続ける「病院食ダイエット」でも、一度はやせたものの、リバウンドをしてしまいました。というのも、病院食ダイエットには「何もつけないトースト」というメニューがあるのですが、このおいしさに目覚めてトーストにハマってしまい、やせた以上の体重をトーストで取り戻してしまったのです（苦笑）。

何かひとつだけを食べ続けるような極端なダイエットは、一時的には効果的なものもありました。それでも、この食生活を３６５日間一生続けるわけにはいかないと気づきます。

さまざまなダイエットに挑戦して気づいたのは、「ダイエットは一生続けられるもの以外、絶対にリバウンドする」という法則。**ひとつの食材をずっと食べ続けることや、我慢しなくてはいけないようなダイエットでは、続かないとわかりました。**

いま、私は、子どもと一緒にレストランにも行くし、会食がある日は遠慮せずに気持ちよく食べます。でも、ちょっとしたコツを続けるだけで、以前のようなつらい思いをしなくても体重をキープできることに気づきました。この章では、ダイエットに失敗し続けてきた私がたどり着いた「食べ方」についてお話しします。

{ 10 }

効果てきめんなのは18時以降食べないダイエット

体重は1日で減る。効果を実感したら続けられる

とにかくいますぐ体重を落としたいと思っているみなさんに、まず「1日だけでいいから、これだけはやってほしい！」とお伝えしたい方法が、「18時以降食べないダイエット」です。

今でこそ、食事制限を一切せずに体重をキープできている私ですが、デビュー後1年で8キロ太ってしまったときは、とにもかくにも、まずは体重を落とさなくてはいけませんでした。

いろいろなダイエット法を試した結果、自分自身も1年で6キロやせ、おすすめした人たちももれなく成功したダイエットが、この「18時以降食べないダイエット」なのです。

この「18時以降食べないダイエット」は、元々エイベックスのある社員の方がやっていた方法でした。

あるとき久しぶりに会ったその人が激ヤセしていたので「どんなダイエットをしたの？」と聞いたら、「18時以降、食べないようにしているだけ」と言われたのです。

それを聞いた私は、早速自分も実行してみることにしました。

すると、本当に効果てきめん！　それまで何をやっても落ちない、落ちてもリバウンドばかりしていた私なのに、みるみるうちに体重が落ち、しかもリバウンド知らずになりました。

ただし、このダイエットをするときにも、1章でお伝えした「体重計に朝晩2回乗る」は絶対に忘れないでくださいね。より効果を実感できるはずです。

18時までであれば、焼肉でも天丼でも食べてOKなので、食いしん坊の私でも好きなものを好きなだけ食べることができます。朝、昼、夕方、1日3食しっかり食べて、それでも体重が落ちていくのです。

この頃は、朝は、クッキーやチョコレートなど、眠気覚ましに甘いものを制限なく食べていましたが、それでも太ることはありませんでした。

仕事柄、18時以降食べないことが難しい人は、19時以降でも大丈夫です。とにかく、夜を早く食べ、睡眠前に空腹の時間をつくることがポイントです。

身体のラインが変わるには1週間かかる

このダイエット法は、1日で効果が現れます。体重だけなら、次の日にすぐ落ちているはずです。

朝、体重計に乗ると、必ず体重が減っています。夜に体重計に乗ると、もちろん朝よりはちょっと増えています。でも、次の日の朝に体重計に乗ると、前の日の朝よりも少し減っているのです。

朝は減る、夜はちょっと増えるを繰り返しながらも、全体的には右肩下がりのジグザグラインで体重が減っていきます。

体重計の数字が減っていくと、がぜんやる気も出るから、がんばる気持ちに拍車がかかります。その意味でもこのダイエットは、続けやすい!

ただし、体重が多少減るだけでは、見た目はそこまで変わりません。身体のラインが変わるのは、その体重になってから1週間後です。

たとえば、体重が48キロになったとしたら、その体重が1週間キープできたとき、はじめて身体も48キロの身体のラインになります。

このダイエットをしているときは、好きなだけ食べられるので、そこまでつらい思いをすることはありませんでした。むしろ、どんどん身体が変わっていくことが楽しかったです。

ときどき、仕事が深夜まで続くときは、さすがにお腹がすいてくるので、炭酸水を飲んで、スルメをかじりながら空腹をまぎらわせていました。でも、それ以外はほとんどストレスもなく、無理なく続けられるダイエット法でした。

このダイエット法は、私がいつも激推しするので、私の周りの人はずいぶん試してくれたのですが、みんな本当に、苦労することなくスルスルやせていっています。

もし友達と夕食の約束が入っていたら、前後の食事を軽くするなどして調整してみてください。

停滞してきたら、「ウェルカムDAY」をつくる

ひとつ、注意点があります。

このダイエットをすると、最初のうちは順調に体重が落ちていきます。けれども、そのうち、どこかで停滞する時期がやってくるんですよね。

たとえていうなら、部屋の中にもうゴミがない状態で、身体が「これ以上捨てるものはありません」と感じてしまう時期です。

こういうときは、わざと、好きなものを好きな時間に好きなだけ食べる「ウェルカムDAY」をつくってください。

一度、お腹の中を食べものでいっぱいにすると、身体が「ゴミを捨てなきゃ」と感じて、また排出する力を取り戻してくれるのです。

私が「18時以降食べないダイエット」をしていた時期にも、もちろん、欠席できない会食などがありました。
そういうときは、この「ウェルカムDAY」だと考えて、心おきなく食べる日にあてました。「ウェルカムDAY」を1ヶ月に1〜2回はさむことによって、より、ダイエットに効果が出やすくなったと感じます。

いまでは、時間に関係なく食事をとっても、体質が改善されたのか、劇的に太ることもなくなりました。このダイエットは、18歳の頃から気づいたら7年ほど続けていました。

時間さえ守れば、好きなものを食べていいというのが私の性格に合っていたこともありますが、私以外の人たちも、この方法でどんどんやせているので、最初に試してほしいダイエット法です！

{II}

腹八分目でやめる勇気

理想の体重をキープするコツ

いちど自分の理想体重までダイエットできたら、あとはそれをキープするために、ほんの少しだけ食事に対する意識を変えていきます。

いま、私がいちばん心がけているのは、腹八分目でご飯をやめることです。

「なんだ、そんなことか〜」と思われるかもしれないのですが、この「小さな抵抗」が、理想の身体をキープするには大切なのです。

私も本当は「お腹いっぱいでもう動けない」というくらい食べるのが幸せなタイプなのですが、それをちょっとだけ我慢します。

我慢といっても、やることは「少し時間を置く」だけです。

完全にお腹いっぱいの状態ではなく、「少しお腹がいっぱいになってきたかな？」と感じるタイミングで、15分くらい時間を置いてみます。

この15分でお腹がふくれてきて、「もう食べられない」と思えれば、それでOK。15分たってもまだ物足りなければ、そのときは我慢せずにまた食べればいいだけです。

ささいなことだと思うかもしれないけれど、これを毎食意識するだけで、リバウンド知らずの身体になります。

余談ですが、この「15分待って様子を見る」ことは、嫌なことがあったときに冷静になるための方法とまったく同じです。

私は家族やスタッフとケンカをしたときも、一度部屋から出てドアを閉め、頭を冷やす時間をつくります。15分くらいたって、怒りがすーっとひいてきたらわざわざ怒らなくていいことだったりします。ひと晩寝かせてもまだイライラしていたら、それはしっかり話し合うべきことだとわかります。

食事もケンカも「寝かせて様子を見る」のが、私にとってはよい方向に導かれるちょっとしたコツなのです。

{12}

塩分を減らして水分をとる

産後の身体をリセットしてくれた薄味食事

産後、雑誌の表紙撮影があったので、必死に体重を戻す努力をしたのは前にお話ししました。

このときは、京都から母にサポートに来てもらい、毎食カロリーの低い「タニタのレシピ」を参考にして、薄味の食事をつくってもらっていました。

このとき、母がやっていたのが、そのタニタのレシピを参考にしつつも、さらに、塩と醤油をレシピの3分の1に減らす方法です。

正直言って、とても質素なお味でした（笑）。

すまし汁などは、お湯を飲んでいるのではないかと思うくらいの味付けでしたが、いま考えると、あの塩分ひかえめな食事が、産後の私の身体をリセットしてくれた気がします（でも、一緒に付き合わされていたダンナさんはたいへんだったと思います……。ありがとう……。そして、こっそりコンビニで買ったアメリカンドッグを食べていたのは知っているよ　笑）。

いまはもちろん、普通の食事に戻っていますが、それでも塩分控えめの食事を心地よく感じるようになりました。

私は身体がむくみやすく、「1日2リットル水を飲みましょう」といった、新陳代謝をうながすダイエット法を試してみても、どんどん水ぶくれしていくだけ（涙）。「あのダイエット法は、私には合ってない！」と思うのですが、でも食事前だけは、お水をグラス一杯飲むようにしています。これをすると、先ほど言った腹八分目を実現しやすいからです。

最近ではDo As Infinityの伴都美子さんに「FIJI」という軟水が、新陳代謝がよくなっていいとすすめられて以来、ライブのリハーサルなどでは「FIJI」を飲むようにしています。

それまではむくみの原因になるからと、水を飲むのは避けていたのですが、「FIJI」を飲んでいるときは、お手洗いにいく回数が増え、肌がどんどんきれいになっていく実感があるので、続けています。

FIJI WATER

南太平洋の楽園フィジー生まれのナチュラルミネラルウォーター。フィジー産の天然シリカが1000mlあたり93mgと豊富に含まれているそうです。

{13}

身体を冷やさない食べ物をとる

生野菜よりも温野菜をとる

ライブツアーが始まると、体調管理はいつも以上に慎重になります。最高のステージをするため、というのはもちろんですが、ライブツアーでは1年近く同じ衣装を着ることもあるので、途中で太って入らなくなっては困るという理由もあります。

終わった後に打ち上げをしたいダンサーやスタッフたちには申し訳ないと思いながらも、いつも私はホテルに戻って、毎回部屋に用意していただく電気コンロを使って、ひとり鍋で夕食を済ませます。

ライブ中は、特に体力が必要なので、カロリーがあるものを食べたいのですが、毎晩打ち上げに繰り出してその土地の名物をいただいていると、「ライブ中ほど、どんどん太ってしまう」の悪循環に気づいたので、この6年はずっとひとり鍋です。

その土地によって具材は違って、たとえば福岡であればモツ鍋にしてもらったり、北陸では魚介だったり、毎回違った味を楽しんでいます。


ダイエットをしていたときは、生サラダを食べることを意識していたのですが、どうやらサラダで野菜をとるよりも、鍋であたたかい野菜をとるほうが体重が減っていくので自分に向いていると気づき、いまは、普段から野菜をとるときは温野菜を中心にしています。

私がお世話になっているカイロプラティックの先生にも、身体はできるだけ冷やさないようにと言われているので、寝る前の時間には、特にあたたかい食べ物を意識します。


ライブ当日は、楽屋にミキサーを持ち込んでスペシャルミックスジュースをつくってもらって、ライブ前と後にググッとひと飲みします。

レシピは、アボカド、無糖ヨーグルト、はちみつ、そして豆乳（無調整）、レモン、氷をミックスするだけ。

元々好きで通っていたマッサージ店でつくられていた美肌ジュースのレシピを教えてもらいました。すっきりするし、肌も整う気がするので、今では欠かせません。

ライブ後に飲むときは、疲れをとるために、さらにクエン酸を追加したり、レモンを追加で絞ったりします。

クエン酸を単体でとろうとすると酸っぱくてなかなか続けられませんが、こんなふうに美味しいジュースに加えれば、一石二鳥です。

いくらきれいになるためでも、つらいことは続きません（好きな人のためなら別かもしれませんが……笑）。

何でも「ついでに」「楽しく」。これが、私は好きなのです。

{14}

自分と「相性のいい食べ物」を見つける

記録をするから、自分の身体の変化に気づける

ダイエット中や理想の身体を手に入れたいときは、毎日、朝と夜に体重を計り、ポスターに記録してくださいと、1章でお伝えしました。

毎朝晩、この記録をしているうちに、あることに気づいたんです。

それは、自分にとって「相性のいい食べもの」と「相性の悪い食べもの」があるということ。

よく、ダイエットをするなら炭水化物を抜くのがいいとか、甘いものを食べてはい

けないなどと言われたりします。
人によって、真逆のダイエット法をおすすめされたりするので、何が本当にいいのか、迷ってしまうことってありませんか？

でも、これはダイエットを繰り返してきたからわかるのですが、「万人にきくダイエット法や、万人がやせる食事法」というのは、ないんですよね。

ではどうすればいいかというと、**自分はどういうタイプの身体で、何を食べたときに太り、何を食べたときにやせるタイプなのかを知るのがいちばん大事です。**

あるとき、グラフがぐっと落ちてやせた日があったら、その前日何を食べたかを思い出してみてください。

私の場合、意外と焼肉を食べた日の次の日に体重が落ちる法則があることがわかりました。

でも、さらに分析してみると、焼肉だけたっぷり食べた日はやせているけれど、焼肉にご飯をつけた日は逆に太る日が多いということがわかったりします。満腹感は同じなのに、です。

ほうれん草も相性がよいようで、ほうれん草を食べた次の日は体重が落ちやすくなります。

先ほど、ライブ中はひとり鍋をして寝ると言いましたが、生野菜よりも温野菜のほうが、身体に合っていると気づいたのも、このポスターへの体重記録があったからです。

エステを経営している母から聞いて知ったのですが、今では、唾液を綿棒でとって送るだけで「自分の身体にどんな食事が合っているか」を計測する診断セットなどもあるようです。

それで調べると、玄米でやせる人もいれば、玄米で太る人もいるのだとか。

ＤＮＡレベルで、「合う食材」、「合わない食材」があるなんて、と驚きました。

お金はかかってしまうけれど、キットを取り寄せて調べてみるのもいいかもしれません。そうでなくても、グラフを毎日つけていると、自然と自分に合う食べ物、合わない食べ物がわかってきます。

ダイエットで大事なのは、世の中で一般的にやせると言われている食事がいいと決めつけるのではなく、「自分自身が実際にやせる食事」を見つけること。

そのためにも、朝晩体重計に乗って、食べ物との相関性を考えることが美ボディを手に入れるカギになると思います。

Chapter 03

しなやかに、大事に、自分の身体を育てる

{15}

身体は常に「やわらかい」状態に

やわらかくないと脂肪は落ちない

エステを経営している母によく聞くのは、「一度身体が石化したら、それをやわらかくするのはたいへん」という言葉です。

エステでは、セルライトを流す施術がありますが、実は身体が「やわらかい状態」でないとセルライトを流せないそうです。

やわらかさをキープするには、お風呂上がりの身体があたたかい状態のときに自分で脚などをマッサージするのが効果的です。

私もデビューした後に、8キロ激太りしたときは、脚はセルライトの塊だらけでした。ボコボコした脂肪の塊が固くなっていたら、それはセルライトが固くなっている証拠です。

こうなってしまったら、できるだけ身体をあたためて、マッサージなどで流していくしかありません。

私の場合はエステにいくお金もなかったので、お手頃なオイルマッサージのお店を転々としていました。

そうならないうちに、普段からお風呂あがりのマッサージを習慣化できていたら、と今では思います。

最近では、むくみ対策にボディクリームなども愛用しています。

私の場合、ライブ後はどうしても筋肉が張るので、それらを使うようになったのですが、そのジェルを使った翌日は、脚が驚くほどやわらかくなっています。

「マリア　ギャラン」というブランドのボディジェルが特にお気に入りで、「BODYOH!」というボディクリームもおすすめです。

BODY OH!

Rhythm ×
ESTHE PRO LABO

ナチュラル成分BODY 3 COMPLEXがセルライトにアプローチし、引き締め効果をもたらします。

ボディ シェイピングミルク _419

マリア ギャラン

セルライトやむくみが気になる部分に塗ると、不要なものが流れ、引き締まる感覚を実感しています。

大きい筋肉はいらない。だからジムもいらない

セルライトが固くなるまで放置しないということと同じくらい、私が大事にしていることは、美ボディを目指すなら、大きな筋肉をつくらない、ということです。大きな筋肉は、女性らしい美ボディには必要ないと思うからです。

健康的な食事とマッサージなどでつくるしなやかな身体こそが美ボディなのです。

とはいえ、私も、デビューしてしばらくは、有無を言わされずジムに通わされました。

学生時代はテニスや野球などをやっていて運動は好きでしたし、楽しくレジャー感覚で身体を動かすことは好きだったのですが、筋肉のためだけにジムのようなきついトレーニングをするのは大の苦手で、「最悪」と思いながら通っていました。

本当は行きたくなかったのですが、デビュー後、みるみるうちに太りだしてからは、ジムをサボると事務所にも怒られるので、渋々ながらも、ジムに通って筋トレをしていました。

ところがこのジム通いで私はさらに太ってしまうんです！　脂肪がたっぷりついたまま筋トレをしたので、脂肪の上に筋肉がついていき、みるみるうちに身体が大きくなってしまったのです。

そんな状態でマッサージにいくと、「運動しないでくださいね。今は筋肉をつけないほうがいいです。せっかく筋肉をやわらかくして脂肪を流せるようにしているのに、筋トレしたら意味がないので」と言われてしまいます。

たしかに、ジムで使うマシンは大きな筋肉を鍛えるものばかりです。脂肪が落ちていないのに、その上から筋肉をつけていったら、それこそ霜降り状態。体重もどんどん増え、ふくらはぎもパンパンになり、見た目が明らかに大きくなっていきました。

それでも事務所からはジムに通いなさいと言われ、マッサージしてくれる人からは筋肉をつけてはいけないと言われ、板挟み状態！

でも、どう考えても、大きな筋肉の上に脂肪がついていった私の身体は、ガタイばかり大きくなって美しくなかったので、ジムを辞めるほうを選択しました（でも、ジムに行きたくないですと言えるようになったのは、ＣＤが売れるようになってからでした（笑）。

それからは、大きな筋肉はつけないことを意識して、ジムには一切通っていません。身体も常にやわらかい状態であるように、セルライトがたまる前にマッサージにいって身体をほぐすようにしています。

もし、筋肉をつけたいという人がいたとしても、一度身体を細くしてから筋肉をつけることをおすすめします。

デブの原因のほとんどはむくみ

ダイエットの失敗を繰り返してきたからこそ実感しているのは、「部分やせ」の難しさです。

たとえば、二の腕だけ細くしたいとか、太ももだけやせたいというのは、私もずいぶんトライしましたが、うまくいきませんでした。

それよりは、全体的に体重を落としたときのほうが、それぞれのパーツも自然と細くなっていったと思います。

そもそも、デブの原因は、むくみであることが多いそうです。だから、その根本原因であるむくみをとらないと、部分的に細くしていくことは難しいようです。

私は特にむくみやすい体質で、話題のジュースクレンズなども、水分の量だけむくむだけで、身体に合いませんでした。

私の場合、人よりも、新陳代謝能力が低いのだと思います。

ライブ中、ダンサーのみんなが、服を絞れるほど汗をかいているのに、私一人だけ一滴も顔に汗をかかないということがよくあります。

顔に汗をかかないと、メイクが落ちないのはいいのですが、写真に撮っても一人だけ涼しげと言われ、ヘアメイクさんに身体にオイルを塗ってもらって、汗を演出したこともありました。

そんな私が、汗をかけるようになったのは、岩盤浴に通うようになってからです。身体の内部からあたためる岩盤浴で、はじめてダラダラ汗をかくという体験をしました。岩盤浴に通うようになってから、むくみが解消しやすくなり、新陳代謝もよくなったと感じます。
ただ、ライブでも汗をかきやすくなってしまったので、ツアー中はがまんしています。

むくみをとるためには、普段のバスタイムも大事にしています。

いつもは、ファンの方々からもらったバスソルトや入浴剤を使って、できるだけ湯船につかるようにしています。
その状態で、気になる二の腕やふくらはぎを塩もみします。むくみがとれている状態だと、それまで何をやってもダメだった部分やせも、少し効果があるように感じます。

とはいえ、子どもが一緒のときがほとんどなので、塩もみができるのも1分くらいなのですが……。

最初は塩もみしてもなんの反応もなかった肌が、何日も続けていくうちにうっすらあざができるようになるんです。
私にとっては、あざができるようになったら「やせてきた」のサイン。脂肪がなくなってきたということだと感じています。

わざわざエステで部分やせのコースに通うことはなくなったけれど、バスタイムのながら美容で、気になる部分をケアしています。

私の美容法は、ほとんどこういった「ながら美容」ばかりです。お子さんがいたり、仕事が忙しかったりして、美容のための時間があまりとれないという人にもおすすめです。

頭皮も顔の一部。肌のたるみは頭皮から

やわらかさといえば、頭皮が固くなるのもよくありません。頭皮は顔の一部だから、ここが固くなると肌に柔軟性がなくなって、たるみも生まれやすくなります。

お風呂でシャンプーをするときは、ついでに頭皮のマッサージをしっかりするようにします。

特にライブ中は緊張感が続くので、頭皮がガチガチになっています。意識的に頭皮をゆるめるようにすると、肌にもふっくらとハリがでてくる気がします。

また、私はダンナさんとデートをする前には、頭にキスをされてもいいように、頭皮から指先までよい香りがするように心がけて洗っています。

やわらかく、いい香りがするように。そんなことを意識しながら、頭皮を洗ってみてはいかがでしょうか。

{16}

身体を冷やさない

お給料のほとんどをマッサージにつぎ込んでいた

私は小学生の頃から肩こりがひどく、母がよくマッサージ師さんを家に呼んでいたのですが、その人に「どうして子どもなのにこんなに肩がこっているんだ？」と言われるくらい、ガチガチの肩でした。

上京してからは、お給料のほとんどがマッサージ代に消えているのではないかというくらい、ありとあらゆるマッサージ店に通いました。

若い頃はお金もなかったので、2時間3000円の初回クーポンで行けるお店を転々と。

そしてその後も、いろいろな知り合いに紹介をしてもらって、自分のマッサージネットワークを広げていきました。

自分の身体がいちばんピンチだったのは、ライブ中に首がむちうちになってしまったときのこと。

首を動かすと、ぺきぺきと音がするようになってしまい、全然思うようなパフォーマンスができなくなってしまいました。

病院をたらいまわしにされ、ＭＲＩも撮影しましたが原因がわからず、ほとほと困っていたときに、知り合いから教えてもらったのが、カイロプラクティックと鍼を専門にしている青山の「ウチイケ鍼灸院」でした。

それまでどこでマッサージしてもらってもよくならなかった首が、当時担当だった横倉大佑先生にみてもらったら、一発で音がしなくなり、「カイロってすごい！」と思ったものです。

横倉先生との出会いは、私の身体づくりにとっては、とても大きなターニングポイントになりました。

というのも、元々むち打ちの治療目的でお世話になっていたのですが、先生のところから帰ってきた日は、必ず「やせた？」と聞かれることに気づいたからです。

冷えはすべての敵。身体をあたためるとラインも変わる

横倉先生に出会って変わったことがもうひとつあります。それは、身体を冷やさないように意識するようになったことです。

生野菜ではなく、温野菜をとるようになったこともそのひとつですし、岩盤浴で身体を内側からあたためるようになったのも、それまであまり湯船につからなくて、シャワーだけでお風呂をすませていた私が、湯船につかるようになったのも変化でした。

冷えはすべての不調の原因と言われますが、たしかにその通り。

私の場合、**身体が冷えているときによく起こっていたトラブルが、身体を冷やさなくなってから、少なくなりました。**

たとえば、身体を冷やさなくなってから、ケガが減りました。以前はよくダンス中に足首をグキッと痛めたり足がつったりしていたのですが、それもほとんどなくなりました。脚がむくんで、下半身全部がだるいということも、冷えを気にするようになってからなくなりました。

それから、昔は髪を乾かさないで寝ることがよくありました。髪を乾かさずに寝ると、朝、起きたときに首を寝違えていることがよくありました。あれも、今考えると、首が冷えてしまっていたからだと思います。ちゃんと髪を乾かして暖かくして寝るようになってから、首を寝違えることもなくなりました。

とはいっても、真夏はミーティングの部屋も冷房がガンガンにきいていますし、いつでも冷えを気にしているわけではありません。

私の場合、真冬でも脚も出しますし、いつでも冷えない状態にしているのは無理です。

だから、寝るときと、家にいるときを中心に、冷えないようにすることを心がけています。それだけでもずいぶん、身体の調子が変わりました。

ライブの楽屋にもホットカーペット

私のライブ会場の楽屋は、秋冬にはホットカーペットが敷いてあります。元々裸足のまま歩くのが解放感を感じられて好きだったのですが、いつも裸足だと脚から冷えてくるので、楽屋にはカーペット。クリーニングに出しながら、全国各地に持ち歩いています。

ライブの前にも身体をあたためます。アイシングを入れる容器に熱湯を入れて、手をあたため、首の近くもあたためます。

緊張すると手がすーっと冷えてくるのですが、手をあたためると全身がじんわり落ち着いてきます。デコルテ付近も、赤くならない程度にあたためると、声が出やすくてのどの調子がよいので、ステージに立つ前には必ずやるようにしています。ストレッチをしながら、声帯を伸ばすような感覚で胸を開きます。

私は、ライブの後も、身体をあたためます。

たいていのトレーナーさんは、ステージの後は、首や肩が炎症を起こしている状態なので、全体を冷やすように指導するのですが、横倉先生の場合は、温療法。

私も、アイシングで冷やした日と、あたためた日を比べてみたのですが、あたためた日のほうが次の日ののどの調子がよかったので、それからは、ステージ後も身体をあたためるようにしています。


ただし、脚だけは別です。脚は、一度冷やさないと、疲労で翌日つったりしてしまうので、ステージが終わった瞬間に膝まで氷水で冷やします。上半身はあたためた状態で、足元は氷水。だいたい15分くらいでしょうか。冬などは本当につらくて、うちのダンサーはいつも悲鳴をあげています（笑）。

15分氷水で冷やしたら、今度はホットジェルを脚に塗って、しっかりマッサージして血行をよくします。冷やして終わりではなく、最後はあたためて終わるのがポイント。脚が真っ赤になるまでマッサージします。

水風呂とサウナを交互に入るとぽかぽかしますよね。あの感じです。

この一連のメンテナンスをすると、次の日の朝も脚がつらないし、疲労も残りません。

楽屋でここまでやったら、ホテルに戻ってお鍋を食べて身体の中からあたためる。

そして、ファンの方にいただいた入浴剤を入れてバスタブにつかります。

自分にとってベストだと思えるメンテナンス法を知っていれば、ライブでも全力でパフォーマンスできると感じます。

直前まで自分らしくいると緊張しない

と書くと、すごくストイックに思われるかもしれませんが、私がライブ中にストイックになるのは「体調管理」だけです。

気持ちのほうでは、むしろ、できるだけ本番の直前の直前まで、リラックスするようにしています。

私の楽屋は、スタッフや、楽屋を訪ねてきてくれた人たちとのガールズトークで、いつも大盛り上がり！「本番前に一人で集中しなくていいんですか？」とよく聞かれるのですが、私の場合、じっと集中するよりは、いかに直前まで普段通りの自分でいられるかのほうが、緊張せずに、いいパフォーマンスにつながるんです。

実は、本番前の会場ＢＧＭは、ヒップホップがかかっていることが多いことにファンの方は気づいているかと思うのですが、それはなぜかというと、自分がいちばんリラックスできてテンションが上がるからです。

スイッチが切り替わるのは、ステージの袖に入ったその瞬間です。本番の、ほんの数十秒前。それまでは、できる限り、素の自分のままでいます。

余談ですが、逆に、リハーサルは本番並みの緊張感を持ってやります。

ボイトレの先生に「リハーサルでそんなに声を出さなくていいよ」と言われたり、新しくついたマネージャーに「本番とまったく同じリハをするアーティストを初めて見た」と驚かれたりするくらい、リハーサルは全力でのぞみます。

練習は本番のように緊張感を持って。
本番は練習のようにリラックスして。

これが、倖田來未流です。

{17}

「美ボディ」姿勢をつくる

背筋が伸びれば身体のラインもきれいになる

最近では、パソコン仕事が多いので、どうしても前かがみで猫背になって肩甲骨が閉じてしまっている人が多いそうです。

という私も、横倉先生に会うまでは、どうしても肩が前に出て背中が丸まっていました。

家ではもちろんのこと、インタビューを受けているときも、気づくと前かがみで背中が丸くなっていたんですよね。

でも、横倉先生に出会って正しい姿勢を教えてもらってからは、意識しなくても背筋が伸びて、肩が自然と反るようになってきました。

肩を丸めず逆に反らせるというのは、肩甲骨同士を近づけるようにして、胸を開くような感覚。

これをすると、**姿勢がきれいになり、立ち姿が美しく見えるだけではなく、贅肉もつきにくくなると教えてもらいました。**呼吸も深くなるから、普段から意識すると、確実に太りにくくなります。


よく、どんなにやせてもデコルテが出てこないという悩みをききますが、そういう人は姿勢が悪いことが多いそうですよ。普段から意識して、胸を開き、肩甲骨を寄せるようにしてみてください。

背筋を伸ばすようなストレッチもいいのですが、身体が冷えている状態でストレッチをすると身体を痛めやすいので、お風呂に入ってあたためてから伸ばすのがおすすめ！


最近私は、ストレッチポールを買いました。床において、その上に寝転がるだけで背筋がぐっと伸びるアイテムです。

よくダンサーが使っているのを横目で見ていたのですが、元々身体がやわらかいほうなので若い頃はそのよさがわからなかったんですよね。最近、年齢とともに身体が固くなってきているので、あの痛気持ちよい感覚がわかるようになってきました(笑)。

あのポールの上に寝転がると自然と身体が開き、肩甲骨が寄るので、今では手離せなくなっています。ストレッチポールに寝転がったままテレビを観たりもできるので、わざわざそのためにストレッチをするというよりも、「ながら」でストレッチできるのがいいところです。

場所をとるので、収納を考えると邪魔なのですが、一家にひとつあると、重宝しますよ。

ウォーキングひとつでウエストがくびれる

デビュー前に、ウォーキングの先生について、きれいな歩き方を習ったことがあります。

背筋をすっと伸ばして、一直線のラインの上を、ウエストをひねりながら歩く方法です。脚は、クロスさせるように交互に出します。肩甲骨をぐっと引き寄せて、自然と胸を張っている状態にすることもポイント。

この歩き方をすると、自然とくびれが強調されて、女性らしい身体のラインが出るようになります。お尻が出ないように、かといって身体を反らしすぎないように。リズムをとって歩くことで、身体に正しい歩き方を染みこませました。

1時間もレッスンすると、くたくたで立ちたくなくなるほど疲れるレッスンだったのですが、この歩き方をマスターしたことで、ずいぶん見られ方が変わったなあと感じます。

私の場合は、ショーやステージでは、極端にかっこつけて腰をしならせながら歩きますが、そうでないときでも、背筋をピンと伸ばして、一直線に歩くことを意識するだけでも、身体の見え方はずいぶん変わるんですよね。

デビュー前にレッスンさせてくれたことについて、事務所にとても感謝しています。

背筋がすっと伸びていると、自信があるように見えるし、なにより、身体のラインがゆがまず、美しく見えます。もし、実際の体重よりも、もっさり、太く見えてしまうのが気になるなら、立ち方、歩き方を一度チェックしてみてください。

{18}

「きれいかどうか」を基準にする——体重ではなく

人がすすめる美容法が自分に合うとは限らない

いくら細いほうがいい、やせたほうがいいといっても、それによって自分が美しく見えないなら本末転倒です。自分がきれいに見えなきゃ、意味がありませんよね。

だから、やせると言われる運動やアイテムでも、トータル的な美に対してマイナスだと思ったら、それは避けています。

一般的に効果があるとされている美容法や流行のダイエットが必ずしも自分に合っているとは限らないと思うからです。

「この美容法は自分にとって合うかどうか」「効果が出たとして、果たして前よりきれいになっているかどうか」の見極めがとても大事だと思います。

下着の選び方で美しさが決まる

肌の黒ずみといえば、私は下着の選び方ひとつとっても、身体に不要なラインが入ったり、肌に痕がついたりすると思っているので、下着選びには気をつけています。

ウエストよりも少し下の腰骨、通称「コリコリ」を見せると私の場合細く見えると1章で書きましたが、言い換えると、このコリコリよりも下が、いわゆる「下っ腹」と言われるゾーン。

だから、このコリコリよりも上まで長さのある股上の深いショーツは、お肉が食い込んで痕がついてしまう気がするので、履かないようにしています。

私のお気に入りは、「ヴィクトリアズ・シークレット」のローライズショーツ。これはローライズな上にゴムもきつくないのでお腹に食い込みにくい気がするからです。

硬い素材の下着も私の場合はＮＧ。肌との摩擦で色素沈着するので、肌あたりのいいソフトな素材のものを選んでいます。

ショーツを履いてみて、ゴムの部分に少しでもお肉が乗るものはＮＧです。

ローライズにするのは、下着だけではありません。デニムやレギンス、パンストも、ウエストまで股上があるものを履いていると、身体に余計なラインが残ってしまいます。

なので私は、デニムは必ず折り返して、コリコリよりも上にいかないようにしていますし、ウエストを圧迫するレギンスやパンストも履きません。履く必要があるときも、腰骨のコリコリまで下げて履きます。

もちろん、この超ローライズをみなさんにすすめるわけではないのですが、普段、家にいて人目がないときだけでも、自分なりの「身体にやさしい下着」や「やさしいボトムス」などを意識して身につけてみるのはどうでしょう。

妊娠中と出産後のケア

「妊娠線だけは、後で絶対に消えないよ」と、いろいろな先輩から聞いていました（最近では後からでも消えるクリームがあると聞いていますが、当時はなかったんですよね）。乾燥がよくないとのことだったので、妊娠中はひまさえあればお腹にクリームやオイルを塗って、保湿を心がけていました。その甲斐あってか、産後もお腹を露出できています。

また、授乳後はバストが垂れやすいと聞いていたので、こちらも気づいたときにはマメに「クラランス」のバストクリームをつけてマッサージしていました。これは、ズボラな私でも、それほど面倒なことではありませんでした。テレビを観ながらとか、そういう「ながら」マッサージだったので、負担にもならなかったのです。**女性の身体は手をかければかけるほど、ちゃんと応えてくれると私は思っています。**

出産や育児中は赤ちゃん第一になってしまって、自分のケアがおろそかになってしまいがちです。でも、ほんのちょっと自分を大事にするように意識を変えること。自分の身体のための時間をほんのちょっとつくること。その小さな習慣が、出産後の美ボディにつながるのだと思います。

ヴィクトリアズ・シークレットのローライズショーツ

下着によって体型は変わってきます。ヴィクトリアのローライズは、肌あたりがよく、お腹に食い込みにくい気がして気に入っています。

トータル
リフトマンスール *EX*

クラランス

ボディ用肌引き締め美容液。足首からウエストにかけて、マッサージするのがおすすめです。引き締め効果が実感できます。

レ ビュスト フェルムテ

クラランス

愛用しているバスト用美容乳液です。テレビなどを観ながらの「ながらマッサージ」でも、しっかり効果がありました。

緊張すれば
するほど、
身体は
美しくなる

{19}

いつでもハイヒールが美脚をつくってくれる

15㎝のピンヒールが戦闘靴

女性の身体は、緊張感があればあるほど、磨かれて美しくなっていきます。特に、高いヒールを履くことは、女性だけの特権。

初めてヒールを履いた日のことを覚えていますか？　自分の身体がきゅっと上に持ち上がり、脚がきれいに見え、鏡に映るそんな自分の姿に、わくわくしませんでした？

それが、だんだん、ヒールが面倒になり、楽な靴を選ぶようになってくると、脚は楽な靴にあった緊張感のない形になっていくと感じます。脚が怠けていくのです。

毎日とは言いませんが、ときどきはヒールの高い靴を履いて、自分の脚に緊張感を

持たせてみましょう。

ヒールを履いている状態は、常に背伸びをしているような状態です。そうすると、お尻の筋肉も引き締まるし、ふくらはぎも常に緊張感があります。その状態で一日過ごすだけでも、ちょっとしたエクササイズくらいの筋トレ効果がありますよ。

私の場合は11㎝のピンヒールの靴を履いているときが、いちばん脚がきれいに見えるとわかったので、普段からたいてい11㎝のヒールを履いています。「高っ！」と思うかもしれませんが、これが毎日履いていると、このヒールがいちばん楽になってくるから不思議なものです。

ライブで使う靴でいちばん高いヒールは15㎝。

さすがに最初は慣れませんでしたが、繰り返し繰り返し練習していたら、その高さでも激しいダンスが踊れるようになっていきました。私の場合、細いヒールの方が踊りやすく、むしろ安定感を感じます。慣れってすごいですね！

振りを覚えるまでは、スニーカーで覚えますが、一度振りを覚えたら、そこからはリハーサル中もずっとヒールです。

一時期は海外のように、家の中でもヒールを履いて過ごしてみようとトライしたことがありましたが、それはさすがに疲れてしまって続きませんでした（笑）。

妊娠中に脚の形が変わった

身体というのは、不思議なもので、ヒールを履いているときはヒールにあった脚の形になるし、ぺたんこ靴を履いているときはぺたんこ靴にあった脚の形になります。

これに気づいたのは出産後でした。

妊娠中は、さすがに11㎝ヒールを履くわけにいかないので、ぺたんこ靴で過ごしていたのですが、ぺたんこ靴を履き続けていた1年弱の間にすっかり脚の筋肉が落ち、脚の形が変わって、産後復帰したときに計測したら、なんと、靴型までも変わっていました！　いちばん変わったのは、足の形が平べったく、横広がりになったことでした。

ヒールを履かなくなったことで、足自体もむくみやすくなっていたみたいです。

それまでMサイズだったのに、Lサイズしか入らなくなり、23・5㎝だった足が24・5㎝になりました。

たった1年で、こんなにもサイズが変わるものなのか！　と、驚きました。

妊娠中は「スニーカーはなんて楽なんだろう」「もう二度とヒールなんか履けない」と思っていましたが、鏡で自分の身体をチェックしたら、お尻が垂れてきているように感じたので、あわててヒールに戻しました。

妊娠前よりは、スニーカーやぺたんこ靴を履く機会が増えましたが、それでも日常的にヒールを履く生活に戻したら、徐々に脚が元のあるべき筋肉の形を思い出し、サイズも出産前のサイズに戻りました。お尻も少しずつあがってきたと感じます。

最近は、リラックスファッションの影響で、ヒールの靴がなかなか売れなくなってきたと聞きました。

けれども、**ヒールは女性をきれいに見せてくれ、しかも身体のラインも変えてくれる魔法のアイテムです。**

毎日ではないにしても、ここぞという勝負どきに、うまく使ってみてください！

{20}

身体が引き締まる
見せることで

家ではできる限り身体を露出する

ここまで、身体を冷やさないことが大事！　と散々お伝えしてきました。でも、実は撮影前は、家の中では冬でもノースリーブやスポーツブラとショートパンツだけで過ごしています。今でこそ、家族ができたのでセーブしていますが、独身時代は寝るときはいつもパンツ一枚でした（笑）。

これは、だまされたと思ってみなさんに試してもらいたいのですが、家の中で限りなく裸に近い露出の高い恰好で過ごしていると、必ず身体が引き締まっていきます。

なぜかというと、露出の高い服を着ていると、タプタプのお腹が気になるし、太ももも気になるし、お尻も気になるからです。

この「気になっている」状態が、脳に「もっときれいな身体になりたい」という指令が送られている状態なのだと思います。

だから、**薄着をして、自分の身体のラインを意識すればするほど、身体は緊張して、理想的なラインを追求しようとします。**

私もライブが近づいてきたら、あえて露出の高い服を着て、ダンナさんや息子に無駄なお肉をタプタプ触られながら、だんだんお肉を引き締めていきます（笑）。

家はリラックスする場所ですが、ダボダボのスウェットやパジャマを着ないようにしています。Aラインのかわいらしいワンピースの部屋着などは、本当は大好きですが、そればかり着ているとそのラインにあった体型になってしまう気がするのです。

だから、たとえ部屋着だとしても、あえて身体のラインが出るワンピースを選んだりします。

そうすると身体も、ちゃんと「見られる身体」らしくなっていきます。

鏡を見れば見るほど身体はきれいになる

スポーツジムのトレーニングマシンの前には、必ず大きな鏡がありますよね。あれにはちゃんと理由があるらしいんです！

自分の姿を鏡で見ることで、「もっとやせよう」「ここの脂肪を落としたい」という願望が、脳にインプットされて、結果的にやせやすくなるんだそうです。

私の家には、ひと部屋にひとつは、必ず鏡があります。リビングには2つ鏡があります。

家に、常に鏡がある状態だと、ふとした瞬間に自分の姿をチェックする習慣がつきます。通りすがりに、ちらっと自分の身体を見るクセがつくのです。

何度も言うように、実際の体重よりは、見た目の印象のほうが重要なので、**自分が人からどのように見えるのか、鏡を通して客観的に見る機会が多いほど、身体は美しく変化していきます。**

ライブのための振り付けも、やはり鏡のあるスタジオで行われます。

私の場合、もうすぐ衣装フィッティングが始まるといった時期には、お腹を出して、露出の高い服でリハーサルをするようにしています。

鏡を見ながら、自分の身体のたるみやゆるみをチェックしながら踊ることで、フィッティングまでの数日にラストスパートをかけるのです。

不思議なもので、お腹を出し始めた日は、タプタプしていた身体のラインも、フィッティング当日には、きゅっと引き締まります。自分でも驚きですが、これ本当なんです！

スタイリストさんに「身体のラインがいいですね」と言われても、「いやいや、2日前までは、本当にやばかったんですよ」と答えるくらい、鏡の前で自分の身体を見続ける行為は引き締め効果があります。

みなさんも、大切なデートの前や、同窓会の前1週間などは、自分の身体を露出して、意識的に自分の身体を見る時間をつくってみませんか。

写真を見て、自分の弱点を知る

鏡を見ることと同じくらいおすすめしたいのが、写真をチェックして、自分がいちばんよく見える写り方を知ること。

最近では、SNSなどにアップするからと、写真を撮られる機会もずいぶん増えてきましたよね。

ときには、「え？　これが自分？」と、愕然とすることもあるかもしれませんが（私はしょっちゅうあります）、これを、チャンスと思って、自分を振り返るきっかけにしちゃいましょう。


自分の顔は、右から撮られたほうがいいのか、左から撮られたほうがいいのか、あごはどれくらい引いたらいいのか、口元の表情はどうするのがいちばんきれいに見えるのか。

自分の弱点と見せ方、両方がわかれば、普段のダイエットやマッサージにも気合いが入るというもの！


鏡と同じように、客観的に自分を見ることで、脳に「いちばんきれいな自分」をインプットして、理想の自分にどんどん近づいていきましょう！

{21}

あるべき位置に余分な肉をうつす

ガムテープで覚えさせた「あるべき肉の位置」

私が最高に太っていたときの話です。

あるスタイリストさんに、速攻で身体のラインを変える技を教えてもらいました。なんと、ガムテープで背中の肉を寄せ集め、すべて胸にもってきて、肉の位置を大移動させるのです（笑）。

これをすると、アンダーがぐっと細くなり、胸に谷間ができます。「プロはここまでやるのか……」と、最初は本当に驚きました。

脚も同じです。そのままでは入らないブーツに脚をねじ込むときは、ガムテープをぐるぐる巻きにして、ぜい肉を移動させます。すると、それまで入らなかったブーツに、するっと脚が入るようになるのです。

ガムテープをはがすときは、本当に痛いです。肌も真っ赤になります。

でも、あきらかにガムテープで補正した自分の身体のラインはきれいで、スタイルがよく見えるので、そこは歯をくいしばって我慢しました。

もちろん、やせればそんなことをしなくていいのですが、太っているときにどうしてもきれいなボディラインで着こなしたい服があったときの緊急手段だったとご理解ください……。


実際にガムテープでお肉を移動させるのは、撮影のときだけでしたが、これをやると、「そうか、この部分に肉がたまっているのか」「本来は、胸にあるべき肉が背中に流れているのか」などと、意識できるようになります。

それを覚えると、自分の家でお風呂あがりにボディクリームを塗るときにも、マッサージがてら、肉を移動させるように意識できます。

それを繰り返すうちに、余分だと思っていたお肉が、あるべき場所に移動していくのがわかるようになります。

私の場合は、ガムテープという、かなり（笑）特殊なやり方でしたが、鏡を見て、どこの肉が余分か、どこに肉を移動させればいいか、と考えるだけでも、ずいぶん違うはずです。

繰り返しになりますが、このガムテープ作戦を使ったのは、私もあくまで撮影のときだけ。真似しないでくださいね！

表情では鍛えられない筋肉を鍛える

顔も、放置していれば、年齢とともに肌が下がっていくばかり……。

普段からできるだけ口角をあげて、表情筋を鍛えるように意識はしますが、それでも鍛えられない部分は、マッサージをして「あるべき位置」に、筋肉を戻すようにします。

私の場合、歯ブラシの柄のほうで、ほっぺたの内側の筋肉をこすります。上に筋肉をひっぱるように持ち上げると、頬と口角下のたるみが薄くなる気がします。

あごの下、耳のつけね部分も、老廃物が溜まっている気配があれば、ゴリゴリがなくなるまで筋肉をほぐします。

私の場合は、筋肉をほぐす以上に、頬をつまんで引っ張るほうが肌が持ち上がりやすいと母に教えてもらいました。

どんなマッサージがいちばん効果的かは、人によって個人差があるので、鏡を見ながら、どこを動かせばいちばん早く小顔になるかをぜひ研究してみてくださいね。

わざわざマッサージだけをやるのは面倒なので、私は、朝、乳液をつけながら1分くらい「ながら」マッサージします。肌を引っ張って持ち上げてを繰り返すと、肌はもっちりして、顔のラインはすっきりしていきます。

自分の身体についた余分な肉は、すべて消滅させようと思うのではなく、「あるべき場所に戻す」と考えてみましょう。

そのためには「本来あるべき場所」である、自分の身体や顔がきれいに見える位置を探し出さなくてはなりません。

これは、鏡と向き合って、研究あるのみ！ 理想の自分の身体をイメージしながら、チェックしてみてください。

{22}

マンネリは敵。刺激を与えると身体は反応する

「プランB」を持つと、長くきれいでいられる

化粧品を選ぶとき、私は基本的に肌に優しいものを使います。

ヘアメイクさんなどは、高級ブランドのラインを使っている人も多いのですが、そういった高級ブランドの化粧品でも、ずっと同じものを使っていると、肌がその化粧品に慣れて、効果が出にくくなってくると感じます。

私は、普段はお気に入りの化粧品を使って、季節の変わり目などで、肌がぴりぴりしてきたり、一時的にかゆくなったりするときに、スペシャルプランとして、肌に優しい成分の化粧品を投入してきました。

私の場合、普段は「ゲラン」の化粧水を使い、肌が敏感になっているときは資生堂の「キオラ」が合っているようで、いつも頼っています。

明日は撮影で、毛穴を引き締めたいときは、ＨＡＣＣＩのシートマスクを使います。ピンポイントでいつもとは違う高級な化粧品を使うと、肌にもその緊張感が伝わるのか、効果も高い気がします。

パックも常日頃から高級ラインのパックを使っていると、肌がそれに慣れてしまって効果が薄れるので、普段はプチプラなパック。勝負日の前には、高級ラインを使うようにしています。

このあたりの効果については、メイクの大西智之さんと相当研究しました。夏と冬でも効くパックが違うのですから驚きです！

毎日、高級な化粧品を使うよりも、このように、ここぞというときにプランBを投入するほうが、肌にとっても刺激があって、長くきれいを保てる気がします。

少し余談になりますが、ゲランは私にとって「いつか使えるようになりたい」憧れのコスメでした。

というのは、「Ｂｕｔｔｅｒｆｌｙ」（２００５年）という曲をリリースしたタイミングで、「ミッドナイトバタフライ」という「フェイス＆ボディーパウダー」をゲランの広報の方からプレゼントしていただきました。「倖田來未さんは、このパウダーのコンセプトである強くてかっこいい女性像そのものです」というお手紙を添えて。すごく嬉しかったですし、そのキラキラしたパウダーと素敵な香りが大好きになりました。

でも、その当時はまだゲランを普段使いにできる私ではありませんでした。だから、「いつか自分で使えるようになりたい」と思っていました。

プレゼントしていただいた「ミッドナイトバタフライ」は、もうほとんど空なのですが、まだ大事に持っていて、当時の気持ちを思い出して心の支えにしています。

すっぴん状態もつくらないと肌が甘える

私は家では基本的にすっぴんです。

というのも、すっぴんでいる状態をつくらないと、だんだん「すっぴんになれない顔」になってくる気がするから。

常に化粧品をのせている肌は、その状態に慣れきってしまいます。

ですから、**すっぴんに違和感を感じたり、あまりにもメイクをしているときの顔とすっぴんの顔が違うと感じるなら、普段からすっぴんで過ごす時間をつくることもおすすめします。**

私の場合、すっぴんでも毛穴が消えるクリームだけは塗っていることが多いです。「Ｇｏｏｄ Ｓｋｉｎ」というブランドのもので、これさえあれば、毛穴が整うので、すっぴんが怖くなくなります（笑）。ナチュラルカラーのカラーコンタクトも、すっぴんでかわいく見せられるマストアイテムです。

ダイエット中もときには刺激を与えて

2章で、「18時以降食べないダイエット」を紹介しましたが、このダイエットの最中に、途中で「ウェルカムＤＡＹ」をつくるのも、「同じことばかりやっていると身体が慣れて反応が鈍くなる」の法則があるからです。

化粧品と同じように、**ダイエットも停滞期がきたら、思い切って方法を変えてみましょう。**できるだけ極端に変えるのがポイントです（笑）。

私の場合、「18時以降食べないダイエット」でなかなか体重が落ちなくなってきたとき、逆に「18時以降しか食べないダイエット」にチェンジしてみました。

最後の数キロは、このプランBで落としています。


身体にとっても、肌にとっても、マンネリがいちばんの敵。

少し「慣れ」や「甘え」が出てきたなと思ったら、それまでとはやり方を変えてみて、身体に刺激を与えてみるのはどうでしょう。

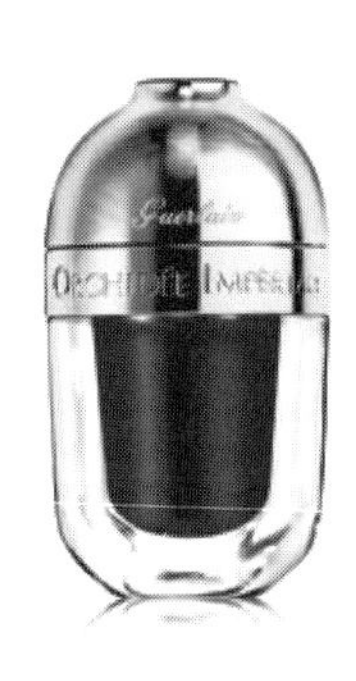

オーキデ
アンペリアル ザ
フルイド

ゲラン

普段の乳液。肌馴染みがとてもよく、潤いとハリを実感できます。

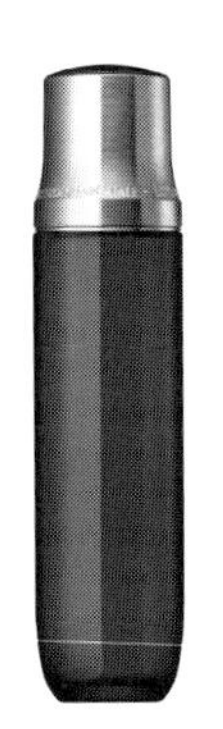

オーキデ
アンペリアル ザ
ローション

ゲラン

普段使いの化粧水です。きめ細やかになり、ふっくらと潤う感じがします。

アベイユ ロイヤル マイクロ アクティヴ セロム

ゲラン

美容液。ハチミツとロイヤルゼリーを融合した成分を凝縮し高濃度で配合。紫外線などによるダメージが軽減されます。

アベイユ ロイヤル アクティヴ ローション

ゲラン

化粧水。ハチミツとロイヤルゼリーを融合した成分で、使い続けると肌が引き締まるのを感じます。

キオラ　シンクロセラム DH-EA

資生堂

肌が敏感になっているときの乳液。肌のタイプ別に6種類あるので、自分の肌に合うものを探してみてください。

キオラ　エッセンスローション DH-EA

資生堂

肌が敏感になっているときにいつも頼っている化粧水です。刺激が少なく、肌への負担が少ない感じがします。

シートマスク

HACCI

老舗養蜂園のはちみつを贅沢に使ったコスメブランドのパック。撮影前の緊急的な潤い補充に効果的です。

{23}

メリハリをつけて使う 高価なものは

肌に触れるものが美肌をつくる

年齢を重ねて気づいたのが、メイク落としの重要性です。

昔は、夜遅く家に帰ってきて疲れていたら、メイクをしたままベッドに倒れこむこともよくありました。

でも、最近では、メイク落としをしないまま寝ると、翌日確実に肌が垂れていると感じるので、やっぱりクレンジングをして肌を清潔にして寝ることが重要なのだと思うようになりました。

クレンジングのときに使うのが、奈良・白雪ふきんの「白雪スクワランうるおいたおる」。そのタオルをお湯につけて、蒸しタオル状態にして、オイルタイプのクレンジングを塗った顔の上にのせて、メイクを浮かせます。
そのあと、タオルで拭き取るだけで、あらかたきれいにメイクが落ちます。このタオルはものすごくやわらかくて肌に優しいので、クレンジングでも肌に負担をかけないと聞いて、ずっと使っています。

アイメイクは、メイク落としではなく、クリームで落とします。目のまわりはシワができやすいので、リムーバーではなく、綿棒にクリームをつけて保湿しながら落とすように意識しています。私は「カレンドラ・ベビー・フェイシャルクリーム」を使っています。

肌にあたる刷毛や筆にもこだわる

化粧品はプチプラなものにときどき高級ラインを投入するだけでいいと思っている私ですが、唯一、肌にあたる刷毛や筆だけは、肌に優しいものを探します。

特に、発色がいいからと海外で買ったチークなどは、ケースに付属している硬い筆を使うと、毎回同じ場所に硬い筆が当たるので、肌に色素沈着して、最終的に肌がくすんでいく気がします。

ですから、どんなに気に入って使っているコスメでも、筆だけは別に持ち歩いて、肌あたりのよいものを使うようにしています。

そんなに高価な筆ではないのですが、それに変えるだけで、肌あたりが違うなと思います。ときどき筆ではなく指で塗ることもありますが、硬い筆よりはずっといいと思います（笑）。

乾燥は肌の大敵だから加湿器は必須

肌に直接塗るのは化粧水や乳液と普通ですが、肌に触れるもので忘れがちなのが……そう、空気！

空気は、ほんと、大事です。自分が過ごす場所は、できるだけ湿度の高い状態をキープするように心がけています。

これは元々、肌のためにというよりは、のどを傷めないためにやってきた習慣なのですが、肌にとっても湿度が高い状態はよいみたいです。加湿器をずっとつけている日は、シワやたるみが出にくい気がします。

家はもちろんのこと、事務所でも、楽屋でも、ツアー中ならホテルでも、必ず加湿器をつけています。

カレンドラ
ベビーフェイシャル
クリーム

ヴェレダ

新生児から使えるやさしくてオーガニックな保湿クリーム。アイメイクを落とすときに使っています。

白雪スクワラン
うるおいたおる

白雪ふきん

メイク落としの強い味方。ものすごくやわらかくて肌に優しいので、肌に負担をかけずクレンジングできます。

{24}

便利グッズを活用する

脚の形を変えてくれた着圧ソックス

もうひとつ「楽してきれい」の定番。私が手放せないのが、20代前半の頃からずっと履き続けているのが、着圧のあるむくみとりの靴下です。

この靴下も、やはり、スタイリストさんの紹介で出会いました。

フィッティングしたときには余裕で入ったライブ衣装のブーツに、スワロフスキーで装飾したら伸縮性がまったくなくなってしまって、脚が全然入らなくなってしまったときのことです。

スタイリストさんが「だまされたと思って履いてみて」と言って貸してくれたのが、この靴下でした。この靴下を履いた瞬間、それまであがらなかったジッパーが、余裕であがるようになったのだから、驚きました。

使い続けると、バレリーナのような脚が手に入ります。むくみやすい人、新陳代謝が悪くて、トイレの回数が少ない人には特におすすめ。

新幹線や飛行機で移動するときは、ゆるっとした疲れにくい服を着ていきますが、着圧靴下だけは必ず履きます。

むくみが定着すると、太いフォルムも定着してしまいます。これをするかしないかで、身体のむくみ方がまったく変わるので、私にとっては365日の必需品！

というわけで、実は、着圧ソックスをプロデュースして、つくってしまいました。その名も「ＢＩＫＹＡＱＵＥＥＮ（ビキャクイーン）」。宣伝になってしまってすみません！　でも、本当に愛用しているからこそ、ずっとつくりたかった商品です。20年以上の構想を経て私のこだわりを詰め込んでありますので、ぜひ試してみてください。

かかとをきれいにするには「保湿ソックス」

乾燥肌なので、特に何もケアをしないと、かかとがお餅のようにひび割れてしまうことがあります。

そんなときは、保湿ソックスでスペシャルケア。

私が愛用しているのは、その名も「はくだけでかかとスベスベソックス」。

ネイルサロン「オリエンタルネイル」の阿久井晶子さんからすすめられたのですが、この靴下を履いていると、かかとがしっとり潤ってきて、湿った状態になります。何もしなくても、かかとがきれいになるので、すっごく楽ちん。

自分でマッサージしたり、角質を落としたりするのは大変だから、こういった楽ちんアイテムを使って、「楽してきれい」を手に入れる、手抜き美容も大事です！

はくだけでかかと
スベスベソックス

ジェムインターナショナル

商品名通り、履くだけでかかとがすべすべになります！おすすめの楽ちん美容グッズです。

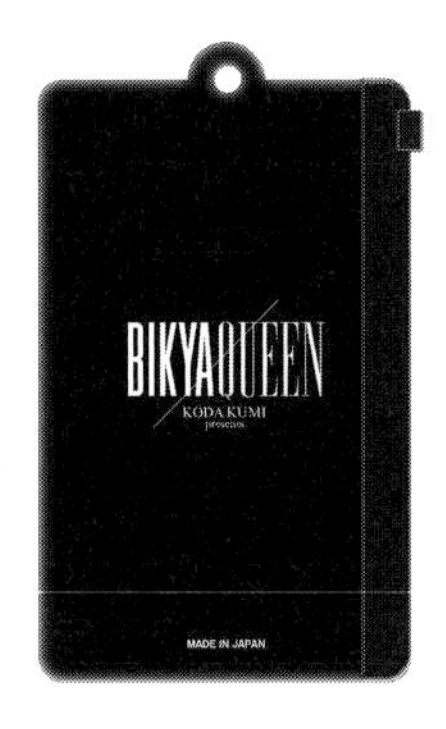

BIKYAQUEEN
（ビキャクイーン）

私、倖田來未がプロデュースした着圧ソックスです。あまりに愛用しているので、ついにつくってしまいました！

{25}

「ながら美容」で凝縮した美容タイムを

家事を本気でやるとやせる

子どもができてからは、美容にかける時間をたっぷりとるのは難しくなってきました。お風呂も子どもが優先ですし、自分のためにゆっくりマッサージする時間などはなかなかとれません。

ですから、私の美容は、基本「ながら美容」。

お風呂に入りながら、シャンプーをしながら、歯を磨きながら、乳液をつけながら、ボディクリームをつけながら……と、何かをしながら、限られた時間で効果を出すぞと気合いを入れてやっています。

おもしろいなと思うのは、時間が十分にあった頃よりも、いまのほうが、短時間で濃縮した美容タイムがつくれているように感じること。

「ながら美容」といえば、おすすめは「本気家事」。わざわざランニングをしたり、ジムに通ったりするための時間はとらないけれど、しなくてはいけない家事や仕事を100パーセント本気でやることで、それをダイエット時間にしています。

たとえばお風呂場の掃除ひとつとっても、本気でやれば、二の腕が筋肉痛になるくらいは運動になります。洗濯物を干すことひとつとっても、ダラダラやるのではなく、きびきびと動けば、消費するカロリーも増えるはず。

もちろん、家事だけではなく、楽しくできることの中で本気を出すのもいいでしょう。カラオケだって、本気でやれば、相当やせます。

仕事だっていいのです。私の場合、前に書いたようにライブのリハーサルでも絶対に手を抜かず、本番同様に本気で踊ります。バックダンサーの子たちが軽く流す振りの確認も、私は指先1本1本まで意識を払って踊るので、リハーサルの時間がそのままエクササイズになっています。

だからいちばんいいエクササイズは、私のライブに来て一緒に歌って踊ること！

来られない方はライブＤＶＤを観て自宅で踊ってください（笑）。
歌って踊れば、ストレス発散にもなるので、一石二鳥です！

時間が限られているからこそ集中する。面倒なことこそ本気で短時間で終わらせる。特別なことをしなくても、日常の中できれいになれるチャンスはたくさんあります。

Spring St
Station
Downtown
Enter with or buy
Metrocard at all
times or see agent
across Lafayette St

恋で
きれいになる。
結婚しても
恋をする

{26}

女性の美しさは恋がつくる

女性は男性に褒められてきれいになる

女性をきれいにしてくれるのは、なんといっても、恋。

私だって、アーティストとして活動するために「やせたい」「きれいになりたい」と真剣に思っていましたが、それでも「彼に好きになってもらいたい」という気持ちほど強く、女性を美しくするモチベーションはないと思います。

仕事で成功したいという気持ちよりも、女性はやっぱり、好きな人に好きだと言われたいという気持ちのほうが強いものなのかもしれないですね。

女性は、人に褒められることによって伸びていきます。

愛する人に「かわいいね」「きれいだね」と言ってもらえること以上にきく美容液はありません。彼の褒め言葉が、あなたのきれいをつくっていきます。

だから、どんなに細くなりたいと思っても、男性にとって魅力的ではないガリガリになる必要はありません。

私の理想の体型は、峰不二子。ボン・キュッ・ボンのグラマラスな身体が、いちばん女性らしいと感じます。

ブスになる恋なんてしない

もし、彼が自分のことを大切にしてくれなくて、どんどん自分が卑屈になるような恋だったら、どんなにつらくてもサヨナラしましょう。

自分を否定されるような恋愛は、女性をブスにしていきます。

女性は愛されてなんぼです。

もし、今の恋愛が負け戦だとわかっているのであれば、思い切って次の相手を探しましょう。

自分をきれいにしてくれない男性との恋愛は、絶対長続きしません。自分がていねいに扱われていないと思ったら、その恋は潮時だと思います。

恋に落ちやすい体質をキープする

もし、長いこと恋をしていないという人がいるなら、自分を恋愛体質にすることからスタートするのがコツ！

胸がキュンとするような少女漫画を読んだり、韓国の恋愛ドラマを観たりすれば、誰でも女性ホルモンが出て恋がしたくなりますよ。

最近観たドラマの中では韓国の『アクシデント・カップル』がダントツに恋がしたくなるドラマでした。王道のラブコメディです（笑）。

アメリカの『Lの世界』もよかったのですが、こちらは恋というよりも、性欲のかたまりになっちゃうのではないかというくらい（笑）、過激なシーンが多いドラマでした。でも、もう何年も恋から遠ざかっているのであれば、それくらい刺激の強いドラマを観てもいいと思います。

まずは、自分を「恋したい」気分にすること。そして実際に恋に落ちること。

好きな人ができて、その人に好かれたいと思う気持ちは、どんなサプリメントよりも、女性をきらきら輝かせてくれます。

{27}

臆病にならない恋に

直球勝負、駆け引きなしでぶち当たる

ファンのみなさんからの相談メッセージを読んでいて感じるのは、「一人で恋して、一人で勝手に失恋している」人たちがなんて多いことか、ということです。

好意を持った人に「好き」と伝える前に「きっと私のことは好きじゃないに違いない」と思ってしまったり、「彼はもう私のことを好きじゃない気がする」と勝手に思い込んで自分から別れを切り出したり……。

一人相撲をとっている人がとても多いのです。これは、本当にもったいない！

「彼はどう思っていると思いますか？」と私に相談するくらいなら、何の駆け引きもなしで、彼にその思いをぶつけてみては？　といつも伝えています。

恋愛は二人でするもの。

自分一人で彼の気持ちを推測して一喜一憂するのではなく、相手にその気持ちを伝えてみましょう。

彼色に染まると新しい自分に出会える

私は、好きな人ができたら、全身全霊でその気持ちを伝えます。

告白前だとしたら、できるだけ近い席をキープして、大好きオーラを出します。デートできることになったら、彼の好みをリサーチして、彼が好きそうな服を着ますし、彼が好きな髪型やメイクも研究します。

占い好きの私が、ずっとハマっているのが「動物占い」です（古い！）。今やかなり進化して、自分の性格や相性だけでなく、「ペガサスの彼を落とすにはどうすればいいか」なんてことまで書かれています。

彼の好みを探るとき、占いに頼ってみるのもおもしろいですよ。私の観測範囲では、動物占い、かなり当たっています！

私のダンナさんは、カジュアルコーデが好きな人なので、ぺたんこ靴を履いてもさまになるコーディネートを散々研究しましたね（ヒール大好きの私が！　です笑）。メイクも薄いのが好きなので、彼と一緒のときは、できるだけ薄いメイクで過ごすようにしています。本当はしっかりメイクしたいのですが、彼が好きだというなら、それで私もハッピーです。

よく、自分のほうが好きすぎると、愛情のバランスがとれないなどと言う人がいます。彼の好みに染まるのは、自分らしさをなくすようで、カッコ悪いと思うのでしょうか？

私は、好きな人ができたら、徹底して彼色に染まればいいのにと思っちゃうタイプです。自分が彼の好みになって喜ぶ姿を見ると、私も自然に幸せな気持ちになります。

尽くすのであれば、徹底して尽くし切る。そこまでやってくれるんだと、相手が感動するくらいに尽くし切る。自分も何かしないと申し訳ないなと思わせるくらい尽くし切る（笑）。そこまですれば、都合のいい女になって捨てられるようなことはないと思います。

彼色に染まろうと決めると、新しい自分に出会える

私も、それまでほとんど履かなかったぺたんこ靴を履いたり、自転車に乗ったりするようになったことで、いままで一度もしたことのないファッションにトライすることができました。

彼好みのまったく新しいファッションに挑戦するときは、その分野でおしゃれだと思う、自分なりのファッションアイコンをつくるといいと思います。

ダイエットをするときに、明確な目標を持つと効果が出やすいのと同じ論理です。そのファッションアイコンの人のコーディネートを真似しているうちに、だんだん板についてきて、そのファッションセンスが、自分のものになっていきます。

恋は新しい自分に出会えるチャンス。

恋は新しい自分を育てるチャンス。

恋する気持ちを、自分をきれいにするエネルギーに変えていけた人から、どんどん美しくなっていくのだと思います。

{28}

不在時に思い出される香りをまとう

香りは全身にまとう

恋愛中は、彼と密着するから、香りはとてもとても大事です。

私の場合、ボディクリームをたっぷり塗って、余ったクリームは服にも髪にもつけてしまいます。いつ、どの角度から密着しても、全身から「私の香り」が香るように、それはそれは準備万端でのぞみます（笑）。

彼の服や、彼の家にも、自分の香りを残してきます。

こういうと、マーキングのようですが（笑）、女性が男性の記憶に香りを残していくのは、まさにマーキングのようなもの！

香りは、記憶と密接に関わりがあります。

自分がいないときにも、ふとした瞬間に香りがしたら、その瞬間、彼は私のことを思い出してくれるのです。

だとしたら、とっておきのお気に入りの香りを、彼の家に残してきたいものです。

好きな香りは、自分の成長とともに変わるものだと感じます。

20代前半の頃は、ココナッツなどのトロピカルな甘い香りが好きだったのですが、いまはもっと女度の高い香りが好きです。

自分のプロデュースでボディクリームを3本出しているのですが、中でも「LOVE TOUCH」というクリームが私は大好き。自立した女性の香りで、ぐっと女らしいのです。

ときどきダンナさんが、服を着ると私の香りがすると言うときがあって、そういうときは、心の中でガッツポーズをします（笑）。「海外の免税店で來未ちゃんのにおいがした」と言われた日には、本当に嬉しい！　私がいないときにも存在を感じてくれる香りは、私の分身のようなものです。

{29}

新鮮な気持ちでいつまでもいる

小さなサプライズとハッピーで家を満たす

結婚して子どもが生まれると、彼との関係性は「恋人」から「家族」になっていきます。けれども、そんなときでも、小さなサプライズや、感謝の気持ちで、いつも新鮮な「好き」の気持ちを大切にしたいと思っています。

私が意識しているのは、「いってらっしゃい」や「おかえりなさい」にも、ちゃんと心をこめること。本気の本気で「いってらっしゃい」を言うのです。

そして、家をハッピーの笑顔で満たすこと。

私の家に遊びにきた人はみな「家族写真が多い」と驚きます。「趣味は写真立てを買うこと」というくらい、写真立て好きの私。今の時代は、ケータイでも写真が撮れてしまうし、わざわざプリントアウトすることも減ってきているからこそ、写真立てに写真を飾ることはちょっとしたハッピーを連れて来てくれます。

バレンタインやバースデーのプレゼントも、基本的に手づくりです。重い？（笑）私は占いが好きなのですが、六星占術では「天王星人」なので、人に尽くしたり、人が喜んだ顔を見るのが大好き。完全に自己満足かもしれませんが、ダンナさんや息子がどんな顔をするかなあと想像しながら、プレゼントのデザインを考えている時間が幸せなのです。

家でご飯をつくるときも、手書きの「おしながき」を用意したりして、ほんのちょっとのことですが、わくわくするようなことはないかなと、いつも探しています。

逆に、最近、家で手を抜いているな、疲れていてあんまり笑えていないなと思うときは要注意。そういうときは、きっと家族にもその疲れが伝わっているはず。いつもより元気よく「おかえりなさい」を言うことで、笑顔が増えるようにしています。

笑顔がすべての源

笑ってさえいられれば、なんとかなる。
笑顔さえあれば、なんでも乗り越えることができる。

私がそう思うのは、きっと、自分の母親がすごくハッピーなオーラを持っている人だからだと思います。

つらいときや深刻な問題が起こっているときは、人はどうしても笑顔になれないものだけれども、それでも少しだけ気分転換をして笑うことができたら、それだけで次の幸せが近寄ってくるように思います。

だからこそ、ほんの小さなことでも「ありがとう」と言ったり、出会ったときと別

れるときは必ず笑って挨拶したり。そういうささいなことを大切にしたい。

仕事でも恋愛でも家庭でも、笑顔がすべての源。いつもそう思っています。

夫婦でも、ちゃんと話し合い向き合う

結婚すると「この人はわかってくれている」という安心感に甘えてしまいがちですが、ダンナさんにも、「元々は他人なんだから、言わなくてもわかると考えるのはやめようよ」と伝えています。

嫌なことも、嬉しいことも、ちゃんと言葉にして伝えることで、思ってもいなかったすれ違いが防げると思うんです。

少しずつ、自分の好きなことや自分がされて嫌なことを伝えあっていくのは、お互いの取扱説明書を持つことに似ています。

時間を重ねるごとに、その取扱説明書が厚くなっていって、それが夫婦のお互いへの理解を深めていくことなのかもしれないと思います。

子どもの父親、母親としても同じです。

お父さんも、お母さんも、子どもが生まれたてのときは、子どもと同じ、ゼロ歳児です。なんでもうまくいくわけはないですよね。

子育て最初の1年目で、相手が何もしてくれないのに愛想を尽かして離婚する人も多いと聞きます。そのときは、お父さんもまだ赤ちゃんと同じだと思えば、もう少しおおらかになれるのかなと思います。

女性ですら、自分の身体の中から出てきた子どもをどう扱っていいのかわからないのに、自分で産んだわけではない父親が、本当に父親になるのには時間がかかって当然。うまくいかなくて当たり前。そのぶん、二人で話をしあって、少しずつ親1歳、親2歳……と歳を重ねていけばいいのだと思います。うちも、いまだって、まだま だ、ヒヨコのような父と母です。

お互い、優しい気持ちで、一緒に成長していこうね、と言えるといいなと思います。

母であること、妻であること

女性は、子どもが生まれると、すべての意識が子どもにいってしまいがちですが、この時期に、自分が女性であることを手離してしまうと、再び夫婦の関係を築くのが難しくなる気がします。

私も、子どもが本当に小さい赤ちゃんのときは、おっぱいをあげながら、そのまま寝てしまうこともよくありました。育児に必死だったので、「妻」より「母」でした。でも、育児が少し落ち着いたら、少しずつ「妻」にも復帰していくのがいいのかなと思います。

女性としての恥じらいやかわいらしさを持ち、父親と母親としてだけではなく、夫婦としての関係性も大切にしていかなくちゃと、最近では思っています。

ライブが立て込んでくると、会話が減ったり、家での身だしなみや美容に気をつかえなくなったりすることがあります。そのたびに、「いかん、いかん、このままじゃ私、捨てられる」とあえて危機感を持つように意識しています。

四六時中それだと疲れてしまうかもしれませんが、そういった危機感は、実は大事だと思っていて、家だから、ダンナさんだからといって油断ばかりしないように気をつけています。

本章のタイトルに、「結婚しても恋をする」とありますが、これはもちろん不倫ではなく、自分のダンナさんに「恋をする」ように努めること。

付き合いが長くなれば、新鮮な気持ちがなくなるのは当たり前！　**どんなに大恋愛した相手だって、マンネリがきます。でも、いつまでも、恋人でいられるように、相手のことを思いやって、自分をちょっとだけきれいにすることを意識して新鮮さを忘れないことが大切だと思います。**

{30}

母として胸を張れる仕事をする

仕事の顔と母の顔。どちらも私。

母親である私と、アーティストである倖田來未。いつも、50：50できれいにセパレートするような生活はできません。

仕事とプライベートのバランスをとるのは難しいし、寂しい思いをさせているのではないか、でも仕事の手を抜くことは絶対したくないし……と悩んでは戻り、の繰り返し。

特にライブの期間中は、メイクが始まると膝の上で抱っこしてあげることもできません。目の前に母親がいるのに、膝に乗るのを我慢して遊んでいる姿を見ると、こんなに小さいのに、彼なりに理解してくれているのかな、なんていじらしく感じることもあります。

でも最近では息子も、ライブがある日はペンライトを自分で持ってきたりして、「今日のママはステージの上で仕事なんだ」ということがわかるようになってきています。

息子に胸を張って「いってきます」が言えるようないい仕事がしたい。「ママのかっこいい姿、楽しみにしているよ。いってらっしゃい」と言ってもらえる自分でいたい。そんな気持ちがとても強くなりました。

昔から、私のライブは、お子さん連れの方が多かったので、初めてのホールツアーの頃から「ファミリーシート」をつくっていました。家族で一緒にライブを楽しめるように、という気持ちからでした。

そして、実際自分にも子どもができてからは、さらにファミリーシートを増やしました。子どもと一緒に音楽フェスに行ったとき、親子でライブという空間を共有することの楽しさ、大切さを改めて感じたからです。

ファミリーシートでは、お子さん用のプレゼントを用意したり、ライブの音が大きいので耳が痛くならないようにお子さん用のヘッドフォンを用意したりしています。

この間のライブでは、「好きで、好きで、好きで」という曲を歌ったとき、4歳くらいの女の子が、歌を聴きながらぽろぽろと涙を流しているのがステージの上から見えました。

「なんて感性の豊かな子なんだろう」と思ったら、ぐっと胸に迫ってくるものがありました。

それまで何度も歌詞で「愛おしい」という言葉を発してきましたが、本当にこの言葉を理解したのは、子どもが生まれてからだなあと感じます。

子どもを産んでからも、ますます輝いている女性アーティストは日本にも海外にもたくさんいます。彼女たちを見ていると、私も同じように、輝き続けたいと思います。

子どもができてもきれいだと言われたいし、むしろよりきれいになったと言われたい。出産前より一層自分を成長させたいと思うようになりました。

仕事と子育ては、いまでも完全に割り切れることではないけれど、息子にとって誇りと思える母親になろうとすることは、私が仕事にプライドを持って続けられている理由のひとつです。

自分にかける時間は以前よりも少なくなったけれど、それを補ってあまりあるパワーを子どもからもらっている。

そう感じます。

STANDPIPE & SPRINKLER
SHUTOFF VALVE
LOCATED 6 FEET
OPPOSITE THIS SIGN

人に
振り回されない。
自分らしく
生きる
Chapter
06

{31}

みんなが喜ぶことに力を注ぐ

自分をプロデュースする感覚を持つ

私は、「倖田來未」というアーティストを、俯瞰で見ることがあります。客観的な目線で、外から自分を見ている感じです。

たとえば、ライブでのダンスの方向性をダンサーに伝えるときに、「ここは、倖田來未を全面に押し出したいので、このラインまでの間でパフォーマンスしてください」とか「この楽曲はおもしろいけれど倖田來未のキャラには、ちょっと合っていないかもしれない」というように、スタッフとコミュニケーションをとるのです。

「私が前に出たい」「私が目立ちたい」という気持ちではなく、倖田來未を美しくかっこよく見せるためには、どうすればいいかという、客観的な目線を持ってプロデュースしている感じです。

私は自分が「倖田來未」でなければ、何も努力しない人間だったかもしれないなと思います。ずぼらで面倒くさがりで、気づけばどんどん太っていくだけの意志の弱い人間だったかもしれない。

でも、ファンのみなさんが喜んでくれたり、期待をしてくれたりするから、「よし！」と思ってがんばれるのです。

自分を客観的に見て、どこを引き出し、どこを伸ばし、何を自分らしさと考えてプロデュースするか。

私の場合は、たまたまアーティストという職業だから、それが特にわかりやすい形で目に見えるのですが、この「自分らしさをプロデュースすること」は、なにもアーティストだけに限ったことではないと思います。

「自分を自分でプロデュースする」という客観的な視点を持つと、自分の魅力や自分

の弱点に気づくことができます。

それは、主婦であっても、会社勤めの人であっても、同じだと思います。みんな自分の人生の主役です。自分がいちばん魅力的に見えるようにプロデュースしてみてはどうでしょう。

なによりも、客観的な視点を持って自分をプロデュースすることのよさは、「わがままにならない」こと。

「自分が」「自分が」というひとりよがりな意識がなくなり、人からいいところを学んで、自分に活かしていこうと考えられるようになります。

……などと言っている、私自身も当然まだまだ勉強中です。全然ダメなところもあります。

でも、それは残念なことではないんですよね。

自分はまだまだ発展途上だからこそ、もっといい歌い手になれて、もっときれいになれる可能性があると思うからです。

流行よりも自分に似合うかどうかが大事

こんな仕事をしているので、流行は一応気にしているつもりですが、たとえ世の中が太眉黒髪ブームだったとしても、それが自分に似合わないとわかっていたら、取り入れる必要はないと思っています。

たとえば、女性にとって肌うつりがいいのは、ピンクやイエローなどの暖色系だと言われていますが、私自身は寒色系のほうが肌がきれいに見えるから、寒色系の衣装も好きです。

「世間一般的には〜」という言葉はあまり好きではありません。大事なのは、世間のトレンドよりも、自分に合っているかどうかだと思うからです。

肌の色、髪の色、身長、体重、顔、みんなそれぞれです。だから、万人にとって共通の「きれい」「似合う」なんてものはないのだと感じます。

自分のことをいちばんわかってあげられるのは、自分しかいません。だから、**もっと自分をしっかり観察して、何が似合い、何が似合わないのかを考えてみてはどうで**

しょう。

恥ずかしくならないように、自分の「プロデューサー」になったつもりで客観的に観察するのがおすすめです。

自分の「らしさ」をいちばん引き出させる、名プロデューサーになってみる。ぜひ試してみてほしい方法です。

何にでもこだわる。納得しないものは出さない

つけまつげやマスカラに香水、カラーコンタクト、ライブのグッズに至るまで、商品は自分がいいと思ったものの宣伝しかしませんし、本当に自分も使いたいと思うものしかつくらないと決めています。

それをわがままだといわれることもありますが、みんなが「倖田來未がおすすめするなら……」と買ってくれるのに、私自身が納得のいっていないものをおすすめするわけにはいきません。そこは私の大事なこだわりですし、ファンの方に対する責任でもあります。

たとえばアイラインペンシルをつくったときも、ブラックとブラウンの2色をつく

るというお話でした。でも、そのときまで私自身はブラウンのアイラインは人生で一度も使ったことがありませんでした。

だから、「本当にブラウンのアイラインって、使う人はいるのですか?」と聞いて、しっかりリサーチしてもらい、自分自身が納得するまでは、GOサインを出せませんでした。


私が希望する香りや色が、いわゆる「売れ筋」とはズレている場合は、メーカーさんやまわりの意見を取り入れた「売れ筋」をつくりながらも、自分は絶対コレがいいと思う「倖田推し」もつくってもらうようにお願いします。

もちろん、自己満足ばかりになってはいけないけれど、自分のこだわりが反映されないのであれば、自分の名前をつけたプロデュース商品など出さないほうがいいと思っています。


どんな商品をつくるときでも、たいていサンプルがあがってきて、テーブルの上に並べられて、「どれがいいですか?」などと聞かれるのですが、私はその場で決めるなんてことはできません。

だって、最低でも1週間くらいは使い続けて、その使用感をチェックしなければ、倖田來未のおすすめとしては世の中に出せないと思うからです。

だから、私の商品開発は、いつも制作進行が遅れると言われています（関係者のみなさま、ゴメンナサイ）。けれども、これもやはり、私なりの大事なこだわり。

自分がいいと思うものだけをすすめる。ささやかなポリシーだけれど、それを積み重ねることで、ファンのみなさんとの信頼関係はできていくと思っているので、面倒がられても大切にしていることです。

{32}

謙虚なオラオラであれ

意見ができなければ成長もない

私はとにかく人と話すのが好きで、だれとでもすぐに仲良くなるタイプ。反面、思ったことを何でもストレートに伝えてしまうので、デビュー当時から「倖田は生意気にならないように、厳しく指導しなくては」と言われ続けてきました。関西弁だと特にきつく聞こえてしまうというのもあったようです。

デビューから数年の間は、ライブでも余計なことを言わないようにと、MC禁止。スタッフへの態度も厳しくしつけられてきました。

そんな環境で育ったので、自分の意見を言うことができなくなり、何か気づいたことがあっても、これが「意見」なのか、それとも単なる「ワガママ」なのか、自分でもその境目がわからなくなって、苦しくなってしまったことがあります。

そんなときに、エイベックスの信頼するディレクターから言われたひとことが「謙虚なオラオラであれ」という言葉。

「あなたは言葉がきついから、言いたいことを言うときは、内容がオラオラでも、謙虚な気持ちで伝えるようにしなさい」と言ってくれたのです。

その言葉を聞いてから、楽曲やダンスに関しては、自分の意見をちゃんと言えるようになりました。

ときどき「何かがちょっと違う」と心に引っかかりを残したまま、でもスタッフのみんながイイというからイイのかな？　と思って情に流されたときに限って、やっぱり後から、違った、ごめんなさい、やり直しさせてくださいということがあります。

だから仕事では、感じたことを口にできないほうがリスクになると思って、謙虚に、でも言いたいことははっきり言うようになりました。

よく自信ありげなキャラに見られますが（笑）、素の私は怖がりだし、自分に自信を持てないし、不安が先行して新しい仕事に飛び込めないこともたくさんあります。

ましてや、人に意見を言うときは、その瞬間はすごく苦しい。できれば相手の意見を否定するようなことは言いたくない。でも言わなければいけないときもあるし、何も言わなければ成長もできない。そう思ってエイッと、勇気を振り絞って言葉を出します。

それができるようになったのも、「倖田來未は自分にとって憧れの存在であってほしい」という気持ちから。

私自身も、ちょっとずつ、試行錯誤しながら、道を探しています。

怒りは次の日に持ち越さない

前にも紹介した私の母は天性のハッピーガールで、決して人の悪口を言わない人です。困ったことがあると言ったら、いつでも京都から駆けつけてくれるし、人が喜ぶ顔が何よりも嬉しいというモチベーションで生きている人。

私もそうなりたいなと思うけれど、やっぱり、人と衝突して怒りがわいてくるときもあります。
そういうときは、できるだけ次の日に持ち越さない。その日のうちに解決するように気をつけています。

ただ、今、議論したら絶対に感情的になってしまうとわかるときは、あえてひと呼吸置いたり、ひと晩寝かすこともあります。2章でも紹介した「食事もケンカも寝かせて様子を見る」作戦です。

たとえば、ダンナさんとケンカしたときは、一度ドアを開けて外に出て、しばらくしてから部屋に戻ってみる。それだけでも、ずいぶん感情が落ちついてきます。
ひと晩寝れば、たいていの怒りは半減していて「なんであんなに怒っていたんだろう」と感じることが多いものです。

感情的になりそうなときは、少し時間を置くだけでも、大切な人間関係を守れると感じます。ただし、あまり長い時間を置いてはダメ。次に話すときにエイッとエネルギーが必要になってしまいます。

ただし、たまに、朝起きたら、寝る前よりも怒りが倍増しているときもあります

（笑）。そういうときは、すぐに連絡して、はっきりと意見する。
これを心がけるだけで、だいぶ人間関係が楽になりました。

{33}

自分をつくり過ぎない

ごまかさずにちゃんと悔しがる

勉強のためにさまざまなアーティストさんのライブを見る機会があります。その場にいるのが悔しくなるほどかっこいいパフォーマンスを見せられて、完敗だと悔しく感じることもあります。落ち込むことだってもちろんあります。

そういうとき、私が大事にしているのは、自分の感情をごまかさずに、ちゃんと悔しがること。

この悔しさは無駄な感情ではなくて、この悔しさこそが、次の倖田來未をつくるモチベーションにつながるんだと言い聞かせて、悔しさから目をそむけずにとことん味わい尽くします。

自分のライブは外からは自分で見られないので、はっきりモノを言ってくれるマネージャーに聞きます。

「私のライブに比べて、この人のライブはどう？」「うちのダンサーは、ここまで踊れている？」「ライティングが、こっちのほうがいいと思うんだけれど、どうかな？」などなど。

そして、率直な意見をもらって、自分のステージを見直す瞬間は、次のステップに進める瞬間でもあります。

嘘のない生活を送る

最近では簡単に画像を加工できるアプリがあるので、なんとなくみんな、自分を「盛って」発信してしまいがちですよね。

けれども、「盛りすぎた」自分は、やはり「自分」ではないんだと思います。

自撮りがかわいく撮れすぎていて、実際に会ったときにギャップが大きいと相手をがっかりさせてしまうだろうし、なにより自分自身の現実をちゃんと見ることは、本当のきれいをつくるために、必要なプロセスだと思う。

私は自分の写真に修正や加工を入れないと1章で言いましたが、修正でくびれをつくってしまったら、自分自身の身体を「本当に」きれいにしよう、この現場できれいに撮ってもらおうと思うモチベーションが半減してしまうと思うのです。

自分に今、何が欠けているのか、何を努力すればいいのか、それを知るためにも、自分をつくりすぎず、盛りすぎないこと。

美しくなりたいという気持ちはとても大事ですが、同時にありのままの自分も愛せるように……。何事もやり過ぎはよくない、ということだと思います。

有言実行は難しいけれど、でも言霊(ことだま)はやっぱりある

やりたいと思ったことは、声に出さないと、誰にも伝わりません。

この間、倖田來未をマネジメントしてくれる組織の仕組みが変わったとき、「倖田

來末診断書」なるものをつくることになりました。
そのとき、倖田來未はこんなことが好き、こんな趣味がある、などということを答えていったら、意外と付き合いが長いスタッフから「初めて聞きました」と言われることがたくさんありました。

このとき、「こんなに毎日会って、いっぱいおしゃべりしている仲間ですらそうなのだから、ちょっとしか会ったことがない人は、まして、会ったことがない人に、自分が何をやりたいかなんて、伝わっているはずないよな」と痛感させられました。

「有言実行」というと偉そうですが、でもやっぱり私は「言霊」というのはあると思います。心で思っているだけではなく、口に出して言葉にすることで、その言葉に魂がこもります。

たとえば、私が出演させてもらったCMのなかには、「(商品が)好きだからCMやりたい！」と公言していたから実現したものも少なくありません。

夢を口に出すのはひょっとしたら恥ずかしいことかもしれない。「絶対無理」と思われるかもしれないし、失敗したらダサいからと躊躇することもあります。でも、恥ずかしいからといって何も口に出さないと、現実にはならないということも、私が自分の経験から学んだことです。

叶えたい夢は口に出す。そして「絶対無理」と言われない自分になるために努力する。きっと誰かがその言葉を聞いていて、チャンスが巡ってくるはずです。

情報を入れ過ぎない

私は事務所のオフィシャルなもの以外、プライベートではSNSを一切やっていません。自分の名前をエゴサーチして評判をチェックすることもありません。

これだけ情報が多い時代、黙っていても入ってくる情報ですら、処理しきれないくらい膨大な量です。

情報を入れ過ぎると、嫌でも自分の評判を気にしてしまうし、何を言ったら叩かれるのか、どう振る舞えばいいのかと、必要以上に臆病になって、何もしゃべれなくなってしまいます。

自分の言葉に自信が持てないと、私の歌には力がなくなってしまいます。だから自分についての悪い噂話があったとしても、いつも「悪い情報はライブの後にしてね」とスタッフに伝えています。

ライブではいつも、来てくれたお客さんに楽しんでもらいたい、元気になってもらいたいと思ってステージに立っています。私がネガティブな報道などで落ち込んだ気持ちでは、それができなくなってしまうのが、いちばん嫌だからです。

顔の見えない人の意見ばかりを気にして「自分らしさ」を失うくらいなら、情報を制限して、自分の好きなところを伸ばしていけばいい。

いま、ＳＮＳなどで心ない言葉を投げつけられて傷ついている人がいたら、自分の評判を気にする生活から一度抜け出してほしい。そう思います。

理想の倖田來未なら、何をするか

倖田來未が世の中に出ていったとき、私がかっこいいと思ったものを、品がないとか、やりすぎだと言う人がいました。

ブレイクして注目されるようになった途端に、肯定的な意見だけではなく、否定的な意見を言われるようにもなりました。

少し目立つようになっただけで、こんなにいろいろ叩かれるんだと、呆然としたこともあります。「なぜこんなに散々言われなくちゃならないんだろう」と悔しくて悲しくて泣いたこともたくさんありました。

でも、今はこう思います。あのとき、「これが倖田來未らしさだから」と、心を決めてやり続けてきたから「エロかっこいい」という言葉が生まれて、みなさんに歌を聞いてもらえるようになったのだと。
あのとき、やり続けることができなければ、きっと「エロかっこいい」の言葉は、私以外の誰かのものになったかもしれない。

人は、新しい経験をするたびに不安が増えます。
挑戦をすれば、成功することも失敗することもあります。
今だって、不安だらけです。

でも、そんなときに自分の背中を押してくれたのは「倖田來未だったらどうする?」という問いかけです。プライベートな自分には自信を持てないけれど、もし自分の憧れを実現してくれる倖田來未という人がいたとしたら、その人はどう考えるだろうという問いかけでした。

私自身、まだまだ完璧ではありません。だから、これからもきっと、「こうなりたい」と思う理想像に向かって、あがいていくんだと思います。

そして、これから、ずっとアーティストとして歌い続けたいと思ったら、その場所は、すました顔してなにも努力せずに向える場所ではないと思っています。

ときどき泣きたくなるときがあっても、でもぎゅっと歯をくいしばって、なにか楽しいことを考えて笑って。笑えれば大丈夫。笑うことがいちばんの薬と信じて。

そして、そのあがいていく先に、いまよりきれいな自分の身体があって、いまより自分のことが好きになれていたらいいなと思います。

この本を読んでくださったみなさんも一緒に、ほんの少しずつ自分が好きな自分の身体や考え方を手に入れて、そして、毎日少しずつ、自分のことを好きになっていってくれたら、嬉しいなと思います。

Finally［おわりに］

先日、「どうすれば、倖田さんみたいに長い間アーティストとして活動していけるのですか?」という質問をされました。

たしかに、毎年たくさんのアーティストがデビューしていますが、長く続けていける人はほんの一握り。そんな厳しい業界で、16年も仕事をさせていただいている私は、本当に恵まれていると感じます。

全国でライブをさせていただいたり、いろいろな商品のプロデュースをさせていただいたり、そして今回のような本を書かせていただくことも、もちろん、自分の力だけではありません、たくさんの人たちに支えていただいてきました。

でも、もし、私が今まで歌い続けるために意識してきたことをひとつだけ挙げてと聞かれたなら、こう答えます。

「人がどう思うかではなく、自分がどう生きたいかを大事にすること」。

倖田來未が今も歌えている理由は、これに尽きると思っています。

自分を持っていないと、人の意見にすぐに流されてしまいます。叩かれたとき、否定的な意見を言われたときにも、「いや、でも、これがかっこいいと思う」と言い切れるかどうか。

これは言い換えると、自分がどこに向かって走っているのかをちゃんとわかっているということ。ゴールがちゃんと見えていること。そのゴールに対して、自分でちゃんとレールを敷くこと。

今さまざまな経験を振り返って、そう思います。

ほかのアーティストさんから学ぶこともたくさんあります。たとえば、アメリカの歌姫ファーギーは、実績も実力もあってすごい人なのにいつも謙虚で、大好きな友人であるとともにすごく尊敬しているアーティストでもあります。

女性として、母として、アーティストとして、謙虚で、しっかりした自分のある女性に私もなりたいと思います。そのためには、今の自分のままではダメだということも痛感しています。

たとえば、ＴＲＦのメンバーは私にとっては大先輩なのですが、あそこまで美しく歌い踊れるなんて本当にとんでもない努力をしているんだと思います。

私も、これからもずっと歌い続けたい。踊り続けたい。だったら、今の状況に甘えていては絶対にダメで、ちゃんと「いつまでも歌い続けたい、踊り続けたい」という明確なゴールを持って、努力しなくてはいけないと感じています。

デビュー当時から、楽曲をつくるときに、ディレクターやまわりの人からいつも言われていたことがあります。

それは、「売れなくてもいいから、いい曲をつくりなさい」ということ。

本当にありがたいことだと、振り返っていつも思います。恵まれていました。それだけ会社のみんなから期待してもらっていたということですが、当時は本当に全然売れなかった……。悔しい思いをしたこともたくさんありました。

でも今、アレンジを変えたりして、その頃の曲をライブで歌うことができていま
す。
環境が変わったり、見え方が変わったり、時代が変わったり……時間とともにすべ
てが変化します。
過去にダメだったことだって、今ならうまくいくこともあるかもしれない。
だから、もし過去にできなかったからといってためらっている人がいるなら、今も
う一度チャレンジするという選択肢もあるんだよ、ということは伝えたいです。
当時は日陰の花だったかもしれない楽曲たちが、いまこうして花が開いて、改めて
愛される曲になっていることを考えると、心からそう思います。

そして、それらの楽曲がたくさんあるから、過去の曲も今の曲も合わせて楽しんで
もらえるライブができている。ヒップホップからバラードまで、振り幅のあるライブ
ができているんだと思います。

そんな楽曲の中でも、「ＷＡＬＫ」という曲をラストに歌うのが、私のライブの定
番になっています。

この曲は、「いつか大きなステージでコンサートができるようになったとき、いちばん最後に歌う曲をつくったらどうだ」と松浦社長に言われて書いた曲でした。

何年もたった今でもライブで歌い続けることができ、みんながラストに一緒に泣ける、かけがえのない一曲になりました。

「WALK」には、「歩き続ける」という歌詞が何度も出てきます。**ゴールを見据えて、自分が自分らしく歩き続けていることができたら、振り返ればそこに道ができている。**そんな生き方をしていけたら、嬉しいなと思います。

この本を最後まで読んでくださってありがとうございました。

みなさんが自分らしく輝くために、私がやってきた「ちょっとした習慣」が、お役に立てたら嬉しいです。

2016年秋　ライブツアー中の宮崎にて　倖田來未

作詞　倖田來未
作曲　Nick Carbone　Anthony Natoli　John Secolo　Peter Zizzo

君はいいねと 何も出来ずに
口をつぐんだ
同じ景色は 二度とこないのに
見逃していた
今しかない大切さを

鳴り止まない 痛みもいつか
消える日が来る 世界は回る
「I'm alone, I'm alone」
そんな事 もう言わない

踏み出しては立ち止まるだろう
生きる意味をみんな探すだろう
I am finally free
周りは変わってないと言うけど
変わらなきゃいけないのは今で
I can finally
Start from where we ended
So begins a walk of my life

君は強いね 言われ続けた
だけどいつだって
鏡の前で 肩震え you know
本当の自分知る人なんて
いないよね

何度間違い 何度引き返し
そんな事でも
行きたい場所へ 進み続け
止めることしない

泣きながら強くなるだろう
立ち上がる意味を知るだろう
I am finally free
周りは変わってないと言うけど
変わらなきゃいけないのは今で
I can finally
Start from where we ended
So begins a walk of my life

枯れた落ち葉は悲しげに
ハラハラと眠りにつく
周りがそう見るだけで
本当は笑ってるんだ

人がどう思うかではなく
自分がどう生きたか
他の誰よりもではなく
自分らしく going on

踏み出しては立ち止まるだろう
生きる意味をみんな探すだろう
I am finally free
周りは変わってないと言うけど
変わらなきゃいけないのは今で
I can finally
Start from where we ended
So begins a walk of my life

I can finally
Start from where we ended
So begins a walk of my life

倖田來未流　美ボディの習慣

発行日　2016年　10月　15日　第1刷
2016年　10月　20日　第2刷

Author　倖田來未

Photographer　下村一喜（カバー、カラーページ）
KENJI03（P.60、61、82、83、148、172、173）
Book Designer　加藤京子（sidekick）
撮影協力　反田やよい（Make-up）　二瓶旬実子（Styling）　リョージ イマイズミ（Hiar@SIGNO）
中西真基（Photographic Assistant）

Publication　株式会社ディスカヴァー・トゥエンティワン
〒102-0093　東京都千代田区平河町2-16-1 平河町森タワー11F
tel. 03-3237-8321（代表）　**fax.** 03-3237-8323　http://www.d21.co.jp

Publisher　干場弓子
Editor　大山聡子　大竹朝子（編集・執筆協力　佐藤友美）

Marketing Group
Staff　小田孝文　吉澤道子　井筒浩　小関勝則　千葉潤子　飯田智樹　佐藤昌幸　谷口奈緒美
山中麻吏　西川なつか　古矢薫　原大士　蛯原昇　安永智洋　鍋田匠伴　榊原僚　佐竹祐哉　廣内悠理
梅本翔太　奥田千晶　田中姫菜　橋本莉奈　川島理　倉田華　渡辺基志　庄司知世　谷中卓

Assistant Staff　俵敬子　町田加奈子　丸山香織　小林里美　井澤徳子　藤井多穂子　藤井かおり
葛目美枝子　伊藤香　常徳すみ　イエン・サムハマ　鈴木洋子　松下史　片桐麻季　板野千広
阿部純子　岩上幸子　山浦和　住田智佳子　竹内暁子　内山典子

Operation Group
Staff　池田望　田中亜紀　福永友紀　杉田彰子　安達情未

Productive Group
Staff　藤田浩芳　千葉正幸　原典宏　林秀樹　三谷祐一　石橋和佳　大山聡子　大竹朝子　堀部直人
井上慎平　林拓馬　塔下太朗　松石悠　木下智尋

Degital Group
Staff　松原史与志　中澤泰宏　中村郁子　伊東佑真　牧野類　伊藤光太郎

Global Group
Staff　郭迪　鄧佩妍　李瑋玲

DTP & Proofreader　朝日メディアインターナショナル株式会社

Printing　株式会社シナノ

978-4-7993-1982-6